写给中国儿童的名

物理学巨匠 爱因斯坦

张芳◎主编

写给中国儿童的名人传记故事

前言

名人故事是名人一生经历的总结，可以点燃孩子心中的激情与梦想。许多伟大的历史人物在青少年时期，就把名人作为自己的榜样，并从他们的人生经历中汲取营养，借鉴经验，并确定自己的人生目标，汲取动力。孩子在阅读名人故事的过程中，可以从名人身上吸取成功的经验，学习他们为获得成功养成的良好品质，以及面对困难时的积极、乐观的态度，以及刻苦努力、坚持不懈的精神，从而让自己在成功路上少走弯路。

为此，我们特邀众多国内权威教育专家与一线教育工作者一起编写了这套“写给中国儿童的名人励志故事”丛书。这套书精选了爱因斯坦、牛顿、贝多芬、居里夫人、富兰克林、爱迪生、霍金、诺贝尔、乔布斯和比尔·盖茨共十位极具代表性的国外名人，用生动、优美的语言详略得当地讲述了他们奋斗的一生。霍金虽身患重病但依然坚持科学研究，贝多芬不向命运低头，比

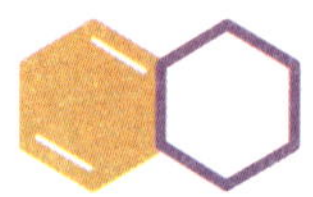

尔·盖茨用软件改变世界……孩子在这些名人故事中可以领略到不同行业的风景，获得人生智慧，感受名人魅力。

这套书不是简单地堆砌名人材料，而是选取他们人生经历中富有代表性或趣味性的故事，以点带面，从而折射出他们丰富多彩、不拘一格的个性和波澜壮阔、充满传奇的人生。另外，我们在每个章节后面，都设置了一个“成长加油站”，将名人故事与孩子成长过程结合起来，从而使孩子收获成长的养分；而“延伸思考”版块则根据章节内容，向读者提问一到两个问题，引导孩子深入思考，获得启发。

希望在这些名人的陪伴下，我们的小读者能够茁壮、健康地成长，成为对国家和社会有益的人！

目　录

第一章　幸福的家庭……………………………………………………1
第二章　问题儿童………………………………………………………5
第三章　神奇的礼物……………………………………………………9
第四章　爱音乐的少年…………………………………………………12
第五章　数学启蒙………………………………………………………15
第六章　数学天才………………………………………………………19
第七章　中途退学………………………………………………………23
第八章　工作还是上学…………………………………………………27
第九章　艰难的求学路…………………………………………………32
第十章　沉迷于物理学…………………………………………………36
第十一章　“不守规矩”的学生…………………………………………40
第十二章　穷困的大学生活……………………………………………44
第十三章　找不到工作的优等生………………………………………48

第十四章　伯尔尼转折点……………………………………………52
第十五章　小职员的大发现…………………………………………59
第十六章　“特立独行”的教授……………………………………65
第十七章　跻身于科学家之列………………………………………70
第十八章　从副教授到教授…………………………………………75
第十九章　艰难的选择………………………………………………79
第二十章　在战争中谋求和平………………………………………85
第二十一章　迟来的名誉及其带来的苦恼…………………………89
第二十二章　被迫流亡………………………………………………95
第二十三章　和平卫士……………………………………………100
第二十四章　随和的物理学家……………………………………105
第二十五章　时刻关注社会问题…………………………………110
第二十六章　为了和平……………………………………………113
第二十七章　巨星陨落……………………………………………120

第一章　幸福的家庭

1879年3月14日，德国乌尔姆小城里，一声婴儿的啼哭响彻天际。这个小婴儿就是闻名世界的物理学家阿尔伯特·爱因斯坦。小爱因斯坦刚出生的时候，后脑勺很大，而且头骨有棱角。

爱因斯坦的母亲看到儿子的头骨长得如此奇特，别提多震惊了。小爱因斯坦的祖母看到孙子后，也不停地惊叹道："他的脑袋这样大，肯定很重！真的是太重了！"她围着小爱因斯坦看个不停，似乎在问：他如此柔弱的身体，是如何撑起这颗又大又重的脑袋的？

爱因斯坦的父母都是犹太人。早在16世纪，爱因斯坦的犹太祖先便到处游荡，后来来到了德国。渐渐地，他们就放弃了犹太人到处游荡的传统，在德国定居下来，从此以后，世世代代都生活在这里。所以，爱因斯坦是地地道道的德国人。

爱因斯坦的父亲
赫尔曼·爱因斯坦

爱因斯坦的父亲赫尔曼·爱因斯坦在数学方面有着极高的天赋。中学时期，他的数学成绩非常优异，可是，由于家里没钱供他上大学，他被迫放弃了学业。之后，赫尔曼·爱因斯坦便开始经商，但是，他并没有继承犹太人善于经商的传统，在生意上没有做出什么显著的成绩来。但这并没有对他造成什么严重的影响，他看上去依然心情平静、态度温和，并开始对德意志民族追求崇高人格的文化韵味产生浓厚的兴趣。

每天晚饭过后，他都习惯在客厅里大声诵读席勒、海涅等人的一些作品，读到精彩的地方，他会突然停下脚步，非常优雅地摘下眼镜，目光温柔地看着他的妻子，柔声说道："你听，亲爱的，这首诗歌是多么美妙啊！"

爱因斯坦的母亲波琳·科克是一个贤惠的女子，而且非常能干，就像绝大多数犹太女性一样。波琳·科克生在一个富人家庭，从小就接受良好的教育，也是一个文化修养很高的人。她平时喜欢看一些文学作品，或者听听优美的乐曲，然后再和自己的丈夫进行讨论。

爱因斯坦的母亲

由于两人有着共同的爱好，所以爱因斯坦父母的感情非常融洽。在这样一个充满爱和温馨的家庭氛围中，爱因斯坦自然而然也具备了非常高的情商。而且，由于受到父亲的数学天赋和母亲的音乐天赋的熏陶，爱因斯坦表现出了丰富的想象力和强大的思维能力。

可是，爱因斯坦的童年并不是那么无忧无虑。在爱因斯坦出生后不久，他的父亲在乌尔姆经营的生意出了问题。爱因斯坦的叔叔雅各布当时住在慕尼黑，他听说自己的哥哥生意失败后，就建议哥哥搬到慕尼黑，和他一起创办一家安装煤气和自来水管道的小工厂。爱因斯坦的父亲听从弟弟的建议，在1880

年，带着全家人一起来到了慕尼黑。刚开始的时候，工厂的生意还非常好，兄弟两人对未来发展充满了希望。他们想使工厂得到更大的发展，于是将自己全部的积蓄都拿出来。爱因斯坦的父亲又从岳父那里筹集到一部分钱。最后，两人合办了一家电子技术工厂，主要从事发电机、电弧灯等电气器材的制造业务。可是，由于后来经营不善，生意也就越来越不景气。爱因斯坦一家只能靠着微薄的收入艰难度日。

但是，在年幼的爱因斯坦看来，在慕尼黑的日子是温暖、安宁、幸福的。慕尼黑是德国第三大城市，同时也是巴伐利亚的首府。这里有许多文艺复兴时期的建筑，被认为是欧洲最美的城市之一。爱因斯坦一家就住在慕尼黑郊区的林德林地区，这里空气清新、环境优美，非常适合居住。爱因斯坦的父亲在忙完生意上的事情后，就会带领家人到郊外去游玩。每到这时，小爱因斯坦都会非常兴奋，催促着大家赶快动身。

小爱因斯坦非常喜欢大自然。他一来到郊外，两只眼睛就瞪得又大又圆，双唇紧闭，一路上一句话都不说，只默默地跟在父母身后，好奇地注视着周围的景色。大自然的美丽与神秘每一次都让爱因斯坦震撼不已。慕尼黑郊外之行在小爱因斯坦的心中种下了自由自在、正义和平的种子，也让他养成了独自思考、喜爱钻研的习惯。

德国慕尼黑

大自然是最神奇的魔术师，它能让我们获得灵感，启发我们的智慧，吸引我们不断探索和发现。所以，我们要从小培养自己亲近自然，经常到大自然中去探索和发现的习惯。这样长期坚持下来，我们的眼界会越来越开阔，思想会越来越自由，知识也会越来越丰富。最后，我们就会收获意想不到的成长和进步。

延伸思考

1.爱因斯坦的父母对爱因斯坦产生了怎样的影响?

2.爱因斯坦为了人类和平事业做出了巨大的贡献，这与他小时候的经历有关系吗?如果有，请找出文中相关内容，说一说吧。

名人名言

创新不是由逻辑思维带来的，尽管最后的产物有赖于一个符合逻辑的结构。

——爱因斯坦

我所经历的最美妙的事情就是神秘。

——爱因斯坦

第二章　问题儿童

爱因斯坦在婴儿时期长得特别好看，所以他的父母都非常喜欢他，将全部的希望都放在了他的身上。但是，很快他的父母就失望了。

因为，其他孩子都已经开始说话了，可小爱因斯坦依然不会说话，也不太活泼。直到快三岁的时候，小爱因斯坦才开始学习说话。后来，等到比爱因斯坦小两岁的妹妹玛雅都已经可以和其他小伙伴进行对话的时候，爱因斯坦还不能将一句话顺畅地说出来呢。小爱因斯坦经常会独自坐在床上，用手托着腮，沉浸在自己天马行空的想象之中。父母看到爱因斯坦语言和行动发展如此缓慢，担心他可能天生是一个哑巴，于是就带着他去找医生检查。检查结果却表明爱因斯坦并不是哑巴。可是，爱因斯坦的父母仍然很担心："这孩子不说话，一天到晚坐在那里发呆，不会是脑子有问题吧？"

小爱因斯坦也不喜欢和别人交往，他经常会故意避开小伙伴和同学，即使和家人在一起的时候，他也总是不出声，默默坐在一旁听别人说。爱因斯坦习惯了独来独往，如果有人不小心打扰了他，使他没有办法再沉浸在自己营造的世界当中，平时很安静的他就会突然变得非常暴躁。比如，在他五岁那年，父母为他请了一个家庭女教师，让他在家里学习。可是，爱因斯坦并不领会父母的苦心，他感觉到自己将会从此失去自由的个人世界，所以，在第一次上课的时候，他就大发雷霆，举起身下的椅子重重地朝着家庭教师砸了过去。父母没有想到爱因斯坦会变得如此激动，只好辞退了家庭教师，任由爱因斯坦沉浸在他一个人的世界里了。

小爱因斯坦虽然不喜欢和人交往，但非常喜欢玩游戏。他玩的都是一些非常需要耐心的游戏，比如，用薄薄的纸片搭建房子等。在玩这类游戏的时候，爱因斯坦会非常投入，直到游戏成功为止，否则他将会一直玩下去。

5岁的小爱因斯坦

1884年，在爱因斯坦五岁的时候，他的父母就把他送到慕尼黑公立学校去读书。在学校里，学生上课或下课都要按照军事口令进行。可是，由于爱因斯坦反应比较迟钝，经常跟不上节奏，所以，老师经常呵斥、惩罚爱因斯坦，有的老师甚至还指着他的鼻子骂："这鬼东西真笨，什么课程也跟不上！"同学们也总是

嘲笑他，他们不喊他的名字，都叫他“笨家伙”。

在一次劳作课上，学生们都认真地做着老师布置的手工任务，等到下课的时候，其他学生都交上了自己的手工作品，可是爱因斯坦什么都没有做出来。直到第二天上课的时候，他才交上了一只做得非常粗糙的小板凳。老师看到这个小板凳后，非常生气，他嘲讽地说道：“我想，这个世界上恐怕没有比这更加糟糕的小板凳了……”老师话音刚落，教室里的学生就笑成了一片。爱因斯坦羞得满脸通红。在哄堂大笑中，爱因斯坦站起来，小声说道：“老师，我这里就有比那个小板凳还丑的小板凳……”说着，他弯腰从课桌下面拿出了两只更加粗糙的小板凳，举起其中一只说：“这个是我第一次做的。”然后又举起另一个说：“这个是我第二次做的，刚才交给您的那个是我第三次做的。虽然它看起来不怎么令人满意，但要比这两只好看多了。”

说完之后，爱因斯坦才意识到自己竟然说了那么多话，感到非常惊讶。而老师更是被眼前这个很少开口说话的小孩惊住了，静静地站在讲台上，什么话都说不出来。

谁能想到，这个当年被叫作“笨蛋”“笨家伙”的小孩子，长大后竟然会被世界上15所大学授予博士学位、被法国、德国、美国、波兰等国家的著名大学聘请做教授呢。

成长加油站

没有人可以轻易获得成功，只有付出巨大的努力之后，我们才能够达到自己的目标，实现自己的理想。如果幻想着成功从天而降，那最后也将会一无所获。

1.爱因斯坦小时候为什么不说话，也不喜欢和其他小朋友玩？

2.说一说，同学们为什么都叫爱因斯坦“笨家伙”。

第三章　神奇的礼物

爱因斯坦之所以后来能成为伟大的物理学家，除了他自身的聪明才智以外，与他所处的时代也有很大关系。在19世纪末期，工业革命在德国兴起，各种科学发明和创造不断出现，使人类社会发生着日新月异的变化，各种新鲜产品也使人们的生活变得更加便利，因此，人们对于知识和科技的欲望也变得越来越强烈。生活在这种环境下的小爱因斯坦，也对科学与技术产生了浓厚的兴趣。

有一年，爱因斯坦的叔叔雅各布从英国回来，将一只制作精巧的微型罗盘交给爱因斯坦的父亲，说是他送给爱因斯坦的礼物。

“嗨，爱因斯坦，下午好！”父亲走到爱因斯坦身边，小心地从上衣口袋里掏出了一件黄澄澄的东西，递给他，说：“这是雅各布叔叔送你的礼物。”爱因斯坦从父亲手中接过那个小罗盘，看到玻璃罩下面有一根像针一样的东西在不停地晃动着。爱因斯坦之前从来没有见到过这样的东西，他感觉有点儿害怕，就赶紧小心翼翼地把罗盘放到了桌子上。他站在桌子旁，一动不动地盯着罗盘看了很长时间，想弄明白这究竟是什么东西。可是，他实在猜不出来，就抬起头望着父亲，眼睛里充满了疑问。

父亲微笑着看着他，一言不发地从口袋里掏出了一块怀表，和罗盘并排放在一起。爱因斯坦看了一会儿后，更加疑惑了：怀表有三根转动的细针，他知道那分别是时针、分针和秒针。可是，这个金黄色的东西只有一根针，而且只朝着北方不停地晃动，并不转圈。他感到非常惊奇，觉得在这个东西里面肯定还有什么东西在牵引着这根细针。于是，他问："爸爸，这个圆盘里面是不是还有其他的东西啊？"

父亲翻转了一下罗盘，说："就像你看到的那样，除了这根指针，罗盘里并没有其他的东西。"

"可是，为什么这跟细针永远指向同一个方向呢？"

"是地球磁力的力量。地球磁力吸引着指针永远指向北方。"

"磁力？磁力是什么东西啊？它既然能使指针晃动，为什么我看不到它呢？难道它藏起来了吗？"

父亲也无法回答爱因斯坦的问题。可是，爱因斯坦并没有因此放弃思考和探索。以后一连很多天，他都拿着那个小罗盘，不停地摆弄、翻转、思索……仿佛着了魔一般。

一个星期天，雅各布叔叔一家来到爱因斯坦家里度假。雅各布的儿子和小爱因斯坦非常要好，两个人整天黏在一起，就像连体婴儿一样。每天，爱因斯坦都带着自己的这位兄弟到周围的山上去玩，两个人都把身上弄得脏兮兮的，直到吃饭的时候，才意犹未尽地跑回家。

爱因斯坦的妈妈担心他们会迷路，不想让他们出去玩。这时，爱因斯坦就掏出那只罗盘，放在饭桌上说：“我们在山下的时候先用它找准方向，等进入森林里后，再拿它校对方向，这样就不会迷路了。”爸爸听了爱因斯坦的话，转头悄悄对妻子说：“我们之前总担心他到三岁的时候还不会说话是因为脑子有问题，现在看来，这孩子挺喜欢动脑子的，只是不太喜欢说话罢了。”

就是从这个时候起，爱因斯坦对磁力产生了浓厚的兴趣，到了十六七岁的时候，每当他想起小时候的这段经历，仍然会感慨万千。长大后，爱因斯坦被“场”的特性和空间问题深深地吸引，并且为了研究和探索空间磁场及与它有关的问题花费了几乎全部的时间和精力。

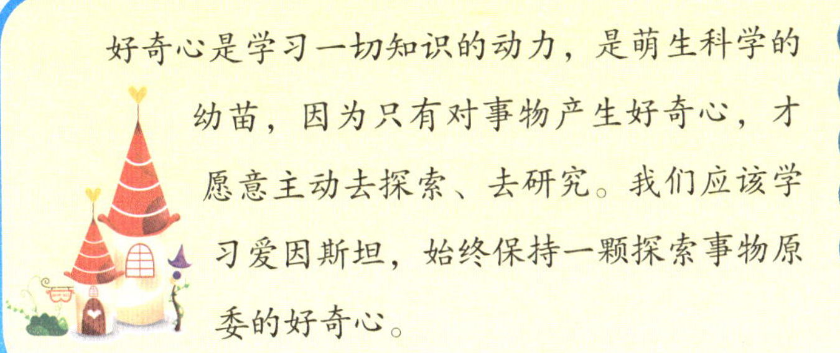

成长加油站

好奇心是学习一切知识的动力，是萌生科学的幼苗，因为只有对事物产生好奇心，才愿意主动去探索、去研究。我们应该学习爱因斯坦，始终保持一颗探索事物原委的好奇心。

延伸思考

1.罗盘的指针为什么始终指向北方？

2.雅各布叔叔送给爱因斯坦的礼物对他产生了怎样的影响？

第四章 爱音乐的少年

童年时期的爱因斯坦不仅在物理方面表现出了极高的天赋，对于音乐也表现出了浓厚的兴趣。

爱因斯坦的家里有一架钢琴。他的母亲经常坐在钢琴旁，按动琴键，将自己的心情和思想通过优美的旋律表达出来。在爱因斯坦三岁那年，母亲正坐在钢琴前弹琴，突然她感觉到身后有人，猛地回头去看，发现小爱因斯坦正歪着头，沉浸在她弹奏出来的乐声当中。母亲看到听得入迷的小爱因斯坦，非常高兴地说："你听得这样入迷，就像是一位大音乐家似的。可是，亲爱的，你为什么不说话呢？"

小爱因斯坦没有回答母亲的问话，因为那时他还没有学会说话，而且也不清楚这种美妙又神秘的音乐到底是什么。他只知道听到优美的乐曲从琴键上传来，浑身都感觉非常舒服，心情也会随之变得愉悦、轻松起来。

后来，父亲特地为爱因斯坦请了当地有名的小提琴家来教他学习音乐。每天放学后，爱因斯坦就迫不及待地跑回家，把书包放下后就立刻和父亲一起到老师那里去学习音乐。

5岁的小爱因斯坦

老师先仔细查看了爱因斯坦的手，然后又让爱因斯坦唱了几首歌。老师听完后，非常惊讶，不停地感叹道：“哦，上帝，我听到了多瑙河的水声，还看到了哥特式大教堂的塔尖。这好像是一首巴伐利亚的民谣，你是怎么学会的？”爱因斯坦没有回答，只是静静地站在那里，看着老师。这时，爱因斯坦的父亲代替他回答说：“老师，这些歌曲都是我太太教他唱的。我们以前在巴伐利亚的乌尔姆居住，爱因斯坦就是在那里出生的。我的太太非常喜欢音乐，经常向当地的居民学习那里的歌曲，然后回到家里唱给孩子们听。”

老师听完后，赞许地看了一眼爱因斯坦，然后打开了钢琴盖。旋即，优美的旋律就从琴键上飘荡出来，在屋子里来回萦绕。爱因斯坦眯着眼睛，跟着节奏轻轻地摇晃着脑袋。一曲完毕，老师转头问爱因斯坦：“孩子，能告诉我你听到了什么吗？”爱因斯坦如梦初醒般高声说道：“鱼！老师，我看到鱼在自由地游来游去！”老师被爱因斯坦丰富的音乐感知力和想象力震撼了，他对爱因斯坦说：“你以后每天放学之后，就直接到我这里来吧。”然后，又转头对爱因斯坦的爸爸说：“赫尔曼先生，我要在这里恭喜您，您的儿子将来很可能会成为一位伟大的音乐家。”

就这样，小爱因斯坦开始了他的音乐学习生涯。他六岁的时候就开始正式学习小提琴，拉小提琴成了他放学之后唯一的爱好。当爱因斯坦拿起小提琴开始演奏的时候，周围的事物仿佛都不存在了，整个世界似乎只剩下他自己和他手里的那把小提琴。

音乐让爱因斯坦无法被外人理解的灵魂得到了栖息之地，让他在音乐所营造的温柔、宁静的世界中自由地徜徉，不受限制地放飞自己的思绪，任意想象。或许，正是小时候学习音乐的经历，使爱因斯坦拥有了超凡的想象力，让他在以后从事物理学研究的时候，可以不受已有的知识框架的限制，大胆设想，发现新的探索领域。

音乐对于一个人的智慧启发、培养想象力具有重要的意义，因为在音乐中，我们可以自由放飞我们的想象力，大胆想象我们面临的各种境况。我们要从小开始学习音乐，培养对音乐的爱好，接受音乐的熏陶。

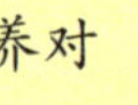

1.学习音乐对于爱因斯坦今后的发展有帮助吗？为什么？

第五章　数学启蒙

爱因斯坦从小就非常热爱学习，每天一放学就钻进爸爸的书房，抱起书本认真阅读起来。所以，在爱因斯坦就读的学校里，很少有人比他的知识面更广阔。

一个星期天的早晨，虽然不用上课，但爱因斯坦还是早早就起了床，坐在书桌旁认真看起书来。这时，雅各布叔叔来了。他来到爱因斯坦的卧室，看到爱因斯坦正在读书，就从随身带的包里面拿出一本书，对爱因斯坦说："你读了那么多书，这本你能读懂吗？"

爱因斯坦在德国波茨坦附近的卡普斯的住所

爱因斯坦接过来一看，发现这本书和他之前看的书都不一样。这本书的封面上一个图画都没有，只有几个很大的字——欧几里得平面几何。爱因斯坦翻

开书，发现里面有非常多的图形，有些图形看起来很像埃及法老的金字塔，非常神秘。爱因斯坦立刻就爱上了这本书，央求雅各布叔叔把这本书借给他看几天。

雅各布叔叔对他说："你还太小，不会看得懂这本书里的内容的。"

"我不信！"小爱因斯坦不服气地说。

雅各布叔叔看着爱因斯坦，宠溺地笑了一下，说："我给你出一道这本书上的题目，你试试能不能解答出来。"说着，他就从包里抽出一张稿纸和一支笔，然后快速地在纸上画出了一个直角三角形，并在三角形的三个顶点上分别标上字母A、B、C。画好以后，他问爱因斯坦："你看看，这个直角三角形的三条边之间有什么关系？"爱因斯坦低头研究了半天，也没有发现这个直角三角形三条边之间究竟存在什么样的关系。他沮丧地摇摇头，等待着雅各布叔叔的解答。

雅各布叔叔笑着摸了摸他的头，然后在稿纸上写下了一个公式$C^2=A^2+B^2$，并对爱因斯坦说："这个公式的意思就是说直角三角形的两条直角边的平方和等于斜边的平方。"爱因斯坦听了雅各布叔叔的话，又拿起稿纸看了半天，可是看来看去，他都觉得直角三角形的三条边差不多长。于是，他伸出手指，准备亲自量一下。雅各布叔叔看到后，笑着说："孩子，不用去量了，这个公式是古希腊的一位大数学家毕达哥拉斯研究出来的，在几何学上叫作毕达哥拉斯定理。这个定理已经经过严密证明，它适用于所有的直角三角形，绝对不会出错的。"

爱因斯坦听了雅各布叔叔的话，心里暗暗想："古人都能够发现如此神奇的定理，如果我用心去钻研的话，说不定

也能发明一个被世人广泛应用的公式呢！”在好奇心的推动下，爱因斯坦真的就着手钻研起来。他现在最想做的就是证明毕达哥拉斯定理的正确性。

于是，他从雅各布叔叔和父亲那里借来了很多几何方面的书籍，一连几个星期，他都沉浸在这个从前他从未接触过的几何学世界当中。每天一放学，他就钻进自己的卧室里，坐在书桌旁画各种各样的直角三角形，研究直角三角形三条边之间的关系。最后他发现，直角三角形的其中一个锐角在三条边的关系中起着关键的作用。在这一发现的基础之上，他又大胆发挥想象，做出合理的假设，终于证明了毕达哥拉斯定理的正确性。

爱因斯坦迫不及待地将自己的证明结果拿给雅各布叔叔看。雅各布叔叔看到后，感到既高兴又不敢相信，因为这时候，爱因斯坦还只是一个12岁的孩子。谁会相信一个12岁的孩子可以证明毕达哥拉斯定理呢？于是，雅各布叔叔就把他那本《欧几里得平面几何》送给了爱因斯坦，并告诉他：“这是平面几何创始人、古希腊大数学家欧几里得写的第一本平面几何学书籍，是一本充满智慧的书籍，你一定要好好爱惜，好好研究。”爱因斯坦郑重地点头答应了。然后，他抱着这本书，跑回自己的卧室，如饥似渴地读了起来。

爱因斯坦将《欧几里得平面几何》全部读完之后，受到了极大的震撼，因为他发现被人们广泛应用的欧几里得平面几何学竟然就建立在几条简单得不能再简单的“公理”上：比如两点之间线段最短；比如两条平行线永远不会相交；比如三角形的三个内角之和为180度。就是在这些人人皆知的理论上，大数学家欧几里得经过一步一步推论，最后得出了一个新的定理。爱因斯坦被人类简单却又明晰有力的逻辑推理给深深地震撼了。

从此开始，爱因斯坦就一发不可收拾，完全沉迷在了几何书籍中。很快，雅各布叔叔和父亲收藏的几何方面的书籍都被他看完了。于是，父亲就给他的一位研究弹道飞行的同学写信，希望能够从他那里获得一些书籍支援。

几天之后，爱因斯坦的父亲就收到了同学的回信，随信一起来的还有一大纸袋书籍。在爸爸读信的时候，爱因斯坦就已经打开包裹，捧起一本名叫《律布森教材》的书认真读了起来。《律布森教材》起点很高，也论述得很系统。开篇就是解析几何，后面是微积分，都是当时最热门的高等数学范畴。这套书让爱因斯坦如获至宝。

成长加油站

通过学习，我们可以获得大量的知识，增长我们的知识积累，这样，我们在学习中遇到问题的时候，就可以运用我们已有的知识来解决了。所以，我们一定要从小养成爱学习的好习惯，勤奋努力、专心致志，利用一切可以利用的时间来吸取知识。

1.从爱因斯坦论证毕达哥拉斯定理这件事情上，我们可以看出爱因斯坦怎样的性格特征？

第六章　数学天才

1888年10月，爱因斯坦从慕尼黑公立学校毕业以后，进入路易波尔德中学学习。在这里，他一直读到15岁。在此期间，爱因斯坦对其他科目一点兴趣都没有，但在数学上表现出了超高的天赋。

在爱因斯坦的父亲经营工厂还不错的时候，他们家还算比较富有，所以那个时候，爱因斯坦的父亲和母亲每个星期四都会邀请一些家境贫寒的大学生到家里来吃饭。在这些大学生中，有一个来自俄国的大学生，名叫塔尔梅，是一个医学院的学生。

一个星期四，塔尔梅来到爱因斯坦家里，看到小爱因斯坦正在背诵微分方程，非常惊讶：这是大学二年级的课程啊！于是，塔尔梅就走到爱因斯坦跟前，和爱因斯坦聊起了数学方面的问题。

饭后，塔尔梅对好客的主人说："赫尔曼先生，您的儿子是一个数学天才，他将来一定会取得举世瞩目的成就的。"他说这句话的时候，神情非常自豪，仿佛是在说他自己一样。接着，他又说道："最近，贝伦休特主编的《通俗科学大系》出版了，虽然价格十分昂贵，但对爱因斯坦发展天赋非常有帮助，我想爱因斯坦肯定会非常喜欢的。”

阿劳州立中学

爱因斯坦的父母听后，当下就决定要给爱因斯坦买一套。爱因斯坦的母亲说：“看来这孩子在科学研究方面很有天赋，我们一定要满足他。”没过多久，爱因斯坦的父亲就给爱因斯坦买回了一套《通俗科学大系》。厚厚的羊皮封面精装本，一共有12册。在爱因斯坦生日那天，父亲把这套书当作生日礼物送给了他。

爱因斯坦通过自学，掌握了大量数学知识，学校的数学课对爱因斯坦来说太简单了，而且非常枯燥，所以爱因斯坦越来越不喜欢上数学课。他经常在数学课上提一些非常高深的数学问题，弄得数学老师非常尴尬，不知如何回答。所以，虽然爱因斯坦每次数学考试成绩都是最好的，但老师并不喜欢他。

一次数学课上，老师上课的时候看到爱因斯坦坐在座位上发呆，就让他上来，在黑板上演算一道需要用到圆周率的题目。爱因斯坦走到讲台上，拿起粉笔快速地演算了出来。坐在下面的同学看着黑板上密密麻麻的数学符号，不知道爱因斯坦写的是什么。可是，数学老师看明白了。爱因斯坦竟然用微积分知识将圆周率计算了出来。

下课之后，数学老师和物理老师谈起了这件事。没想到，

物理老师的反应非常激烈，他坚持认为爱因斯坦是在挑战老师的权威。原来，在一次物理课上，爱因斯坦用高等数学将牛顿的第二、第三定律推导了出来。物理老师感觉自己竟然没有一个学生懂得多，非常羞愧，同时也对爱因斯坦更加嫉妒。

一天，训导主任弗里德曼让爱因斯坦到他的办公室去一趟。爱因斯坦不知道发生了什么，忐忑不安地走进训导室。

弗里德曼主任让爱因斯坦在他对面的椅子上坐下，温和地问："最近在读些什么书？"

爱因斯坦回答说："《通俗科学大系》天文册。"

弗里德曼主任听后，非常惊讶，连连说："好书，好书！"然后，又接着问："听说你还会拉小提琴？"

爱因斯坦逐渐放松下来，回答说："是的，有时候也会弹钢琴。"

"你拉过维奥蒂的《第二十二小提琴协奏曲》吗？"

"还没有，先生。不过我已经学完了霍曼。"

"你学微积分？学了多久了？"教导主任继续问。

"才学了两年。"

"哦，那你应该已经学到无穷级数了吧？"教导主任简直跟不敢相信自己的耳朵，"你既然在读天文册，那你能告诉我，宇宙到底有多大吗？"

"先生，宇……宇宙是无限的……"爱因斯坦低声回答，他放松的神经再次绷紧了。

弗里德曼主任听了爱因斯坦的回答，对他说："宇宙是无限的，科学也是无限的。你看了那么多大师的书籍，应该明白他们能有那么大的成就，一开始也都是从简单的知识一步一步学起的。你一定要记住，学问是无止境的。”

这天放学后，爱因斯坦一个人沿着郊外的道路，慢慢往家走。一路上，他看着像橘子一样的夕阳、天边绚烂的晚霞、一望无际的田野，心里不停地思索着弗里德曼说的话。突然，他停下了脚步。他终于想明白了：弗里德曼主任说的一点儿都没错，一切都是无止境的。你看这天、这地、这原野，是多么变幻莫测啊。爱因斯坦站在路边，兴奋地放声大喊：“宇宙是无止境的……”

成长加油站

始终保持谦虚的态度，我们才能不断从各种事物中学习到知识，才能得到不断提升。如果我们学了一点知识，就自以为无所不能，骄傲自负，那么我们就无法看到别人的优点，更不会踏下心来去学习。所以，我们在学习过程中，一定要保持谦虚的态度，虚心向别人学习。

1.为什么数学老师和物理老师都不喜欢爱因斯坦？

2.弗里德曼主任的话使爱因斯坦明白了什么道理？

第七章　中途退学

在路易波尔德高级中学，爱因斯坦不但要忍受来自老师们的嫉妒，上那些枯燥乏味的课程，还要忍受老师对学生的体罚。

在一次拉丁文课上，古板得要命的拉丁文老师正挖着鼻孔讲课。这时，两个调皮的学生偷偷地从盒子里放出了几只蜜蜂。蜜蜂在教室里嗡嗡地飞来飞去，和老师浓重的鼻音混合在一起，引得全班同学大笑不止。老师简直气得快晕了过去，他丢下书本，气冲冲地冲出了教室。不一会儿，校监先生来了，后面还跟着拉丁文老师。校监先生神情严肃，一进入教室，就让学生全部列队出去，接受惩罚。同学们都吓坏了，谁都不敢说话。这时，爱因斯坦站出来，立正报告说："校监先生，您应该惩罚的是蜜蜂。不知道它从哪儿飞出来，用它翅膀下的发声孔膜的震动，模仿老师挖鼻孔读课文的声音，破坏了课堂纪律。"

校监先生没想到竟然有学生敢挑战他的权威，但是他说的也并没有错，而且老师挖鼻孔上课也的确不太雅观。一时间，校监不知该如何应对，最后哼了一声，大步走出了教室。刚走出几步，他又返回教室，指着爱因斯坦的鼻子说："你这个学生将来肯定不会有出息的！"

爱因斯坦呆呆地站在座位上，他感到很困惑：我只不过是说了几句实话啊！

虽然不被老师喜欢，但爱因斯坦在学校的生活还算顺利。可在爱因斯坦中学二年级那年，他的家里发生了一场大变故，这给爱因斯坦造成了很大的影响。

爱因斯坦的父亲在慕尼黑的工厂效益已经没有以前那么好了，家里的生活也越来越拮据。一天，父亲拿着一封从居住在意大利的亲戚那里发来的信件，神情严肃地来到爱因斯坦的卧室。爱因斯坦正坐在书桌前看书，看到爸爸一脸严肃地进来，立刻意识到有大事发生。还没等爸爸开口，爱因斯坦就问道：“爸爸，您要到意大利去做生意吗？”

“是的，”爸爸沉默了一会后，看着爱因斯坦说，“现在德国的经济出现了问题，我们在慕尼黑的工厂效益越来越不好了，所以我和你雅各布叔叔决定到意大利去。可能，我们以后就要在意大利定居生活了。”

“太好了，这样我就可以去海边玩耍了。爸爸，意大利是一个美丽的国家，我喜欢在意大利生活。我们什么时候动身呢？”爱因斯坦一脸期待地望着爸爸。

爸爸看着兴奋的爱因斯坦，一字一句地说：“不，爱因斯坦，我和你母亲已经商量好了，这次我们先搬过去，等你完成中学的学习后，再来意大利上大学。”

“我不能转到意大利的学校学习吗？难道要我一个人在慕尼黑生活？”

“爱因斯坦，我了解过了，意大利的学制和德国的不一样，如果你中途转到意大利上学，你很难跟得上。再说，我不赞成你半途而废。”

看着一脸坚定的爸爸，爱因斯坦意识到他已经无法做出改变了，就不再出声。爸爸感觉到了儿子的失落，于是安慰他说：“孩子，我已经在慕尼黑城里替你租好了一套不错的房子，离学校很近。我相信，你一个人也可以生活得很好的……”

很快，爱因斯坦的爸爸妈妈就带着其他家人搬到意大利去了，只留下爱因斯坦一个人在慕尼黑独自生活。没有了父母家人的照顾，爱因斯坦要自己做饭、洗衣服、打扫卫生。有时候，爱因斯坦看书太入迷了，就会忘记吃饭。而且，他经常一套衣服就穿很长时间。生活上的困境还没有让爱因斯坦觉得难受，而学校枯燥的学习生活却快把他逼疯了。

老师们讲的那些知识对爱因斯坦来说太简单了；而且由于老师们担心爱因斯坦提的问题会让自己难堪，所以课堂上都不愿意让他发言。爱因斯坦每天就坐在座位上发呆。

1895年，爱因斯坦16岁了。他实在不愿意再待在枯燥的课堂上浪费自己的生命了，而且他对军国主义深恶痛绝，非常厌恶学校的军事化管理。可是，根据当时的法律，男孩只有在17岁以前离开德国，才可以不必回来服兵役。所以，为了与思念的家人团聚，也为了逃避即将到来的兵役，爱因斯坦没有和父母商量就私自决定离开德国，前往意大利与家人团聚。

但是，没有拿到中学文凭，父亲知道了肯定会不高兴的。怎么办呢？就在爱因斯坦为此苦恼不已的时候，训导主任把他叫到办公室，说他被学校开除了。爱因斯坦听到后，在心里长长地舒了一口气，窃喜道：“我正苦恼着如何让学校同意我退学呢！没想到事情就这样轻轻松松解决了。”

爱因斯坦整理好自己的东西，背着书包走出了学校大门。他站在学校门口，竟然没有感觉到一点儿离别的伤感，反倒有一种冲破牢笼、重获自由的舒畅。别了，惆怅的过去！你好，美好的未来！

成长加油站

在人的一生中，肯定会面临各种各样的选择，如果我们不能够正确面对，并做出恰当的决定，那么我们以后肯定会为当初的行为后悔不已。所以，不管遇到什么事情，遭受了什么样的困境，我们一定要坚定我们的目标，并从这一点出发来思考和选择，这样我们做出的决定才能有助于我们实现目标。

1.从爱因斯坦敢于站出来反抗学校的惩罚行为上，可以看出爱因斯坦具有什么性格特点？

2.爱因斯坦为什么会被勒令退学？

第八章　工作还是上学

离开了慕尼黑，摆脱了路易波尔德高级中学牢笼般的生活，1895年春天，爱因斯坦急切地来到了让他向往已久的意大利。刚从米兰火车站出来，爱因斯坦就被意大利美丽的异国风光吸引住了。爱因斯坦走在路上，感受着南国温暖的阳光和海洋性季风气候，顿时感觉神清气爽，精神抖擞。他一边走，一边寻找着自己家的门牌号码。

“哥哥！”到处张望的爱因斯坦突然听到一个熟悉的声音。他循着声音望去，惊喜地发现已经好久不见的妹妹玛雅正从一个典雅的二层楼房院落的木栅栏前跑过来。兄妹两个紧紧地抱在了一起。

“真有点认不出你来了。没想到一年的时间，你竟然长高了那么多。”爱因斯坦边上下打量着妹妹，边兴奋地大声说道。这时，听到动静的妈妈也从屋子里走出来。

“我的孩子！我终于见到你了！”她紧紧地抱住儿子，眼泪不停地从眼眶中涌出来。爱因斯坦在妈妈和妹妹的簇拥下往家里走去。这时，爱因斯坦的父亲也正好从外面回来。

“我们家的男子汉回来了。”父亲走到爱因斯坦跟前，给了他一个大大的拥抱。

晚饭时，雅各布叔叔也带着家人来了。爱因斯坦和家人围坐在餐桌前，谈论着各自分开后的生活。父亲听到爱因斯坦说他被学校勒令退学了，虽然感觉很不开心，但觉得既然已经成为无法改变的事实，再说也没有什么用处，于是也就不再提了。他一边安慰着爱因斯坦，一边说：“今天晚上你好好休息，明天让玛雅带着你，沿着亚平宁山脉，到热那亚海口去痛快地玩一场。”玛雅听说可以和哥哥一起出去旅游，高兴得手舞足蹈的。

第二天一大早，爱因斯坦就和妹妹玛雅一起出发了。他们登上亚平宁山脉眺望远方辽阔的大海，在热那亚海滩上晒太阳，还品尝了当地的美食。兄妹两人旅游回来后，黑得都快认不出来了。妹妹玛雅为此还很伤心，可爱因斯坦却并不以为意，因为他要准备在米兰上学的事情了。可是，当天晚上，父母告诉了他一个坏消息：米兰的德语学校只接收13岁以下的学生。

爱因斯坦听了，也不知如何是好。可是，年轻的爱因斯坦并没有伤心多长时间。很快，他就被米兰独特的风景给迷住了。他一早起来，吃过早饭后，就在米兰城里到处乱逛。城市里大街小巷处处可闻的音乐和歌声，意大利人民热情、愉悦的交谈，都让爱因斯坦觉得与严肃死板、一切都按照命令行事的德国截然不同。爱因斯坦觉得自己更加热爱意大利这个国家了。爱因斯坦在家度过了一段闲散的日子，但很快他就要面临

人生中的重大抉择了。

小爱因斯坦和他的妹妹

由于他的父亲在米兰开办工厂花光了家里全部的积蓄，但工厂的收益并不好，现在已经没有钱供爱因斯坦上学了。一天晚上，父亲把爱因斯坦喊到跟前，对他说："我的生意越来越不好，恐怕很快我们家就要陷入经济困难。你如果不想读书，就赶紧找一份工作吧。"

爱因斯坦听了父亲的话，不知道该如何选择。过了几天后，爱因斯坦仍然没有想清楚自己到底想要干什么。可是，父亲看不下去了。他把爱因斯坦叫到书房里，说："我们该谈谈了，爱因斯坦。"

爱因斯坦低头站在父亲的书桌跟前，一句话都不说。父亲又接着说："你已经16岁了，是一个小男子汉了，应该对自己今后的道路有一个清晰的规划了。"

爱因斯坦想了一会儿，抬起头，说："爸爸，我想过这个问题，但是我真的不知道该如何选择。我想听听您的建议"

"你从小就是一个天赋很高的孩子，而且你也很喜欢从事科学研究工作。可是，你知道，搞研究的都是知识非常渊博的人。你现在只是中学毕业，恐怕很难从事科学研究工作吧？"

爱因斯坦沉默了。

“如果你不想继续读书，那就只能参加工作。”父亲看爱因斯坦不说话，接着说，“你可以到工厂里面帮我和雅各布叔叔干活。但是这样一来，你的理想和抱负可能就无法实现了。”

听到这里，原本还很轻松的爱因斯坦顿时不安起来。他小声问父亲：“爸爸，我该怎么办呢？”父亲从座位上站起来，走过来摸了摸爱因斯坦的头，说：“孩子，你这几天再仔细考虑考虑，过几天我们再谈。”

爱因斯坦回到自己的卧室后，越想越觉得不安。于是，他从床上一跃而起，出门去找雅各布叔叔了。爱因斯坦对雅各布叔叔说：“叔叔，我想上大学，不想放弃自己的理想，可是我已经16岁了，中学还没有毕业，你说我该怎么办呢？”

雅各布叔叔看着苦恼的爱因斯坦，沉默了一会儿说：“其实我等你来找我等很长时间了。爱因斯坦，如果你真的决定继续上学，我可以帮你。瑞士的苏黎世有一所联邦工业大学。这个大学是欧洲非常有名的大学，而且它对学生的年龄没有严格限制，18岁以上的同等学力的学生也能报考，你可以去试试。”

“我怕我会考不上。”

“爱因斯坦，不要担心，只要你下定决心，就一定能考上的！”雅各布叔叔鼓励爱因斯坦说。

几天后，爱因斯坦和父亲又进行了一次谈话。

“爸爸，我决定要读瑞士苏黎世联邦工业大学。”爱因斯坦目光坚定地对父亲说。

“去瑞士？”父亲问。

“是的，雅各布叔叔告诉我说这所大学是欧洲非常著名的一所大学，而且它也愿意接受18岁以上的同等学历的学生。”

“好吧，我们支持你。”父亲听后，脸上绽放出了欣慰的笑容，“孩子，你能做出这样的选择，我真的感到很欣开心。”

成长加油站

一个人的成就与他的受教育程度在某种程度上有着密切的联系，也就是说，一个在某个专业领域做出一番伟大成就、得到世人敬仰的人，肯定是一个接受过良好教育的人。即使那些一开始没有受到多少教育的人，在有条件之后也都想尽一切办法继续完成未完成的教育。所以，我们一定要珍惜现在的时光，好好学习，天天向上。

延伸思考

1.爱因斯坦为什么最后选择了继续上学，而不是参加工作？

第九章　艰难的求学路

秋天的时候，爱因斯坦就收拾好行囊，在家人的送别下，去了瑞士。爱因斯坦无暇顾及瑞士优美的风光，径直来到了瑞士苏黎世联邦工业大学。

刚走进学校校门，爱因斯坦就被道路两旁长长的两排世界著名科学家的雕像给吸引住了。爱因斯坦一边走，一边欣赏着这些塑像。当他来到牛顿的雕像前的时候，他停下了脚步。他仰头看着高大的牛顿雕像，暗自下决心：我一定要成为这所高等学府的学生！

爱因斯坦找到报名处，填写了一张报名表，然后就被带到了一个房间里。房间的中间放着一张宽大的桌子，桌子后面坐着一个办公的文员。

“请坐。”那个文员看了一眼爱因斯坦，然后又快速地低头从面前的文件夹里寻找着什么东西，“请把你的高中毕业证书给我。”

“给你，”爱因斯坦把一张纸递到那个文员面前，心虚地说，“我只有路易波尔德高级中学的肄业证书。”

文员抬头又扫了他一眼，无奈地说：“抱歉，你必须得向我提供高中毕业证书才行。”

爱因斯坦不放弃，他指着证书说：“先生，您可以看看证书附本上的评语。”

文员没有去看证书上的评语，径直走到里面的一间办公室里去了。一会儿，一位谢了顶的男子走了出来，他对爱因斯坦说：“爱因斯坦同学，按照我们的规定，你是不能直接升入大学的，但如果你愿意，你可以参加学校举办的入学考试。”

爱因斯坦非常开心：“真的吗，先生？我非常愿意参加。”

于是，爱因斯坦就和其他一些想要进入工业大学却没有证书凭证的学生一起参加了入学考试。数理科考试，爱因斯坦很轻松就答完了，可是文史科和动植物科却让爱因斯坦感到很头疼。因为瑞士和德国使用的教材不一样，爱因斯坦在文史科和动植物科上感到有点吃力。

第二天，考试成绩公布了。爱因斯坦没能考入工业大学。他感到非常失落，这时，突然有一个人拉住他说：“你是爱因斯坦吧，校长先生请你到A楼的401房间去一趟。”

听到校长找自己，爱因斯坦仿佛又看到了希望。他赶紧按照指示，来到了A楼的401房间。这时，校长正坐在办公桌后面等着他。看到爱因斯坦进来后，校长微笑着说：“爱因斯坦先生，你的数理答卷让我感到很惊讶，但是你的其他学科还需要加强一下。”

爱因斯坦点头说道：“校长先生，我非常认同您对我的评价，我想回去自修一年，希望明年学校还能同意我参加入学考试。”

“如果你愿意的话，我可以推荐你去瑞士的阿劳州立中学学习。等你取得毕业证书以后，你就可以直接升入我校上学了。”

爱因斯坦1895—1896年住在阿劳的房子里的纪念牌

爱因斯坦向校长先生深深地鞠了一躬，激动地说："我非常愿意，尊敬的校长先生。"

爱因斯坦带着瑞士苏黎世联邦工业大学校长的推荐信，来到了距离苏黎世不远的阿劳州立中学。刚进入校门，爱因斯坦就被学校内寒酸的景象给震惊了。可是，爱因斯坦现在没有挑选学校的条件，毕竟能有一所学校愿意接收他，他就已经很开心了。

爱因斯坦被分配到了文德勒教授带领的班级。文德勒教授非常和蔼可亲，他的德文课和历史课生动有趣，让学生在轻松的氛围中就掌握了枯燥乏味的语法和历史知识。在课余时间，文德勒教授喜欢制作鸟类标本。他经常带着孩子们到附近的森林里去，告诉孩子们制作植物标本的方法。爱因斯坦非常尊敬文德勒教授，在与教授相处的过程中，也和他成为了很好的朋友。每当爱因斯坦感到孤单的时候，他就会去找文德勒教授聊天。文德勒教授也对爱因斯坦格外关心。

在阿劳生活的这段日子里，爱因斯坦做了一个重要的决定：不做德国人。1896年2月，乌尔姆当局同意了爱因斯坦的申请，从此，爱因斯坦就不再是德国公民，成为了一个无国籍的学生。

阿劳州立中学的日子很快就过去了。在这里，爱因斯坦发表了自己的第一篇物理学研究论文《关于磁场的以太状态

的研究》，一年后他以优异的成绩获得了毕业文凭。很快，他就要进入瑞士苏黎世联邦工业大学学习了。

结束了阿劳州立中学的学业之后，爱因斯坦就要和文德勒教授一家告别，返回米兰自己的家里度假。虽然告别总是令人伤心的，但是爱因斯坦想到自己就要进入瑞士苏黎世联邦工业大学学习，内心又无比激动。在这种复杂的感情下，爱因斯坦挥手向文德勒教授一家告别，登上了开往米兰的列车……

成长加油站

在学习的过程中，我们肯定会遇到各种各样的困境。遇到困境并不可怕，只要我们能够积极寻找解决的办法，就一定能够渡过难关，进入新的人生阶段。爱因斯坦的求学过程也不是一帆风顺的，但他并没有因此灰心丧气，而是积极面对，最后终于走出困境。我们也要向爱因斯坦学习，勇敢面对困境，积极寻找解决办法，克服学习过程中遇到的各种困难。

1.阿劳州立中学条件那么差，爱因斯坦为什么生活得很愉快?

2.爱因斯坦的求学经历对我们有什么启发?

第十章　沉迷于物理学

爱因斯坦在米兰家中度过了一段轻松惬意的日子后，在1896年10月，来到了瑞士苏黎世联邦工业大学。他现在已经是瑞士苏黎世联邦工业大学的一名正式的学生了。在大学里，他选择的是自己喜欢的师范系物理学科。

进入大学后，爱因斯坦见识到很多在物理学领域非常有名的学者和教授。比如发明了韦伯定律的韦伯教授，他是数学和物理两大学系的创办人。物理学领域里的很多著名的学者都受到过他的教育。此外，还有霍夫威克教授、来自俄国的明考夫斯基教授……

爱因斯坦进入大学后，仿佛鱼重新回到了辽阔的大海，鸟又飞上了蔚蓝的天空。他每天上课总是早早就来到教室里，下课后，他除了到餐厅吃饭和在宿舍休息外，剩下的时间都是在物理实验室里度过的。与他关系很好的一个同学马歇尔·格罗斯曼开玩笑地对他说："你这种

苏黎世联邦工业大学

学习方法是最好的，三点成一面，再没有比这更稳固的了！”

可是爱因斯坦依然每天维持着这种教室、食堂和宿舍“三点一面”的学习生活。随着学习的深入，爱因斯坦发现他真正的兴趣在物理学上，于是他逐渐地把更多的精力和时间放在了韦伯教授的物理学课程上，而对于霍夫威克教授和明考夫斯基教授的课程没有以前那么上心了。格罗斯曼提醒他：“爱因斯坦，数学是一切学科的基础，你怎么能忽视数学课呢？”

阿尔伯特·爱因斯坦与《大头针》的演员们

“不，”爱因斯坦坚定地反驳道，“物理学才是世界上最高深的学科。不过，我也不会因此就抛弃数学的。”

一天，格罗斯曼告诉爱因斯坦：“一会儿明考夫斯基教授要在大教室里开一个数理研讨会，很多专家教授都来参加，你去吗？”

爱因斯坦此时正在低头研究一个物理学问题，他头也不抬地说：“我还在思考一个热力定律，如果我有时间的话，我想我会去的。”

爱因斯坦几乎把他全部的精力都用在了物理学的学习和研究上，所以他根本没有时间再去听其他课程，即使到了课堂上，他也会埋头专心研究物理问题。

一次，在数学课上，格罗斯曼发现爱因斯坦一直埋着头

坐在座位上。于是，他走到爱因斯坦座位旁，想要看看他究竟在研究什么研究得这样入迷，结果发现爱因斯坦在一个密密麻麻的小本子上正在推演一个物理公式。

“你怎么能在课堂上开小差呢，”格罗斯曼说，“总有一天，你会为你今天的行为付出代价的！”

在对前人形成的物理理论进行求证的过程中，爱因斯坦发现曾经被自己看作是物理学领域的神圣偶像的牛顿，他的经典物理学也存在问题。一次，他与格罗斯曼就因此发生了争论。

“所有物体都始终处于运动当中，而且在运动中传递出能量，这一点你应该会承认吧？”爱因斯坦思考了一会儿后说。

“当然，这已经被牛顿定律证实了。”格罗斯曼回答说。

爱因斯坦站起来，又继续问：“可是，当速度足够大的时候，比方说光线，速度可以达到每秒钟30万公里左右，那么，是什么让光子具有如此快的速度的呢？”

“根据一些学者提出的假说，光子之所以能够有如此快的速度，是因为宇宙中有一种还没有被人类认识的物质在推动着它。”格罗斯曼非常郑重地回答道。

爱因斯坦并没有就此放弃，他继续追问道：“是的，我知道这种物质，它被人们叫作以太。可是，我们知道物体存在有固态、液态和气态三种状态，以太究竟属于哪一种状态？”

格罗斯曼被爱因斯坦问住了，他心虚地回答说：“我怎么会知道？等科学家们研究出来不就知道了。”

“1887年，美国芝加哥大学的麦迪逊博士和莫赖教授做了一个光学实验，他们证明了光速是不会改变的。也就是说，以太是不存在的。”爱因斯坦自己解释说。

“没错，为此，一些学者还提出要拯救以太呢。”

“我还在思考一个问题，如果物质达到一定速度时，或许就可以解释光速现象了。”

“爱因斯坦，你这种想法是与牛顿的经典物理学相违背的。我劝你不要冒险，否则你会尝到失败的滋味。”格罗斯曼听了爱因斯坦的话，担心地提醒他。

“可是，科学不就是鼓励人们大胆怀疑的吗？”

“你觉得自己是权威吗？”

爱因斯坦回答说：“在认识真理方面，任何以权威者自居的人，一定会在上帝的嬉笑中灭亡。”

成长加油站

怀疑精神是一切科学精神中最重要的。一个具有怀疑精神的人，才不会被已有的知识框架和理论研究束缚住，才能够不断发现问题、提出问题，找到新的解决方法，形成新的研究理论。所以，我们在学习中也一定要保持怀疑精神，不迷信已有的知识，不过度崇拜权威。

1.爱因斯坦在大学的生活是怎样的？

2.爱因斯坦与格罗斯曼的讨论反映出爱因斯坦是怎样一个人？

第十一章 “不守规矩”的学生

这天，爱因斯坦又没有去上数学课。他来到物理实验室，又研究起以太的问题了。这个来去无影的以太，时刻牵动着爱因斯坦的心。如何才能证明以太的确存在呢？以太广泛存在于浩渺的宇宙中，没有重量。而人类居住的地球就像一艘小船一样，穿梭在以太的海洋中。如果能够找到一个仪器来测量出地球在以太海洋中的航行速度，不就证明了以太是存在的了吗？于是，他开始动手设计一个测量地球运行速度的仪器。

过了一段时间后，爱因斯坦终于发现了可以证明以太存在的证据。他看到韦伯教授后，兴奋地拿着图纸跑了过来，喊道：“韦伯先生……”

韦伯教授听到爱因斯坦这样叫他，眉头不自觉地就皱了起来，心想：“其他学生都喊我韦伯教授，就这个爱因斯坦，每次见到我都叫韦伯先生。看他穿的那身衣服，像一个面粉口袋一样，臃肿难看。更奇怪的是，他总是喜欢和人对着干，你让他这样，他偏就要那样。”

韦伯教授是一位很重视实验的物理学家，对于理论物理

的新思想则不是太看重。每当爱因斯坦想要和他探讨物理理论发展方面的问题的时候，韦伯教授总是想要逃走，因为爱因斯坦在理论物理方面比自己了解得多，自己无论如何也争论不过他。

爱因斯坦来到他跟前，问：“韦伯先生，我发现了可以证明以太存在的证据，你能帮我看看是否正确吗？”韦伯教授接过图纸，看了一会儿，说：“爱因斯坦先生，你非常聪明，恐怕世界上没有几个人的智商能够和你相比，但你有一个很大的缺点：你不让人教你！”说完，韦伯教授把图纸又递给了爱因斯坦，微微点了一下头，走了。

韦伯教授刚走几步，爱因斯坦就放声大笑起来。这种笑是一种不被理解的无奈的笑。爱因斯坦对人真诚，从来不会撒谎，更不会耍小心机。当他发现别人的问题的时候，他会立刻打断那人的话，帮别人指出来。他这样做难免有时候会让别人陷入尴尬的处境，但这也不是他有意为之。真诚与善良永远是爱因斯坦的天性。

又有一次，在物理实验课堂上，韦伯教授像往常一样给每位同学发了一张纸条，上面是实验的具体操作步骤。其他学生收到纸条后，都放在实验台上，参照上面的实验步骤认真地做着实验，可是爱因斯坦却将纸条揉成了一团，扔进了垃圾桶。他想要按照自己设定的步骤来做实验。

在做实验的过程中，爱因斯坦一边低头看着试管里跳动的

火苗，一边陷入自己的思维中。突然，“嘭”的一声巨响，把爱因斯坦从思维的海洋拉回到了现实中。这时，爱因斯坦才感觉自己的右手火辣辣的，而且鲜血不停地往外流。同学和韦伯教授也被那一声爆炸声给震惊了，等他们镇定下来，看到爱因斯坦血淋淋的右手的时候，立即慌乱地给爱因斯坦包扎伤口。等处理好爱因斯坦右手上的伤口，韦伯教授询问爆炸的原因。爱因斯坦如实回答了。韦伯教授听完，气得差点跳起来，他抓起讲台上的书，气冲冲地走了。后来，他把这件事上报给了学校。结果，爱因斯坦被学校记了一个大过。

过了十几天后，爱因斯坦正低着头向物理实验室走去，突然看到韦伯教授正从对面过来。爱因斯坦发觉自己已经躲不掉了，就走到教授面前，毕恭毕敬地鞠了一躬。韦伯教授看到爱因斯坦缠着绷带的右手，叹了口气，说：“爱因斯坦，你为什么非要学习物理学呢？你选择法医学或法律或语言学，说不定将来会更有出息的。”韦伯教授说这段话，其实是想暗示爱因斯坦，他是无法在物理学方面取得卓著的成就的。

爱因斯坦没有听出教授话中的意思，仍然十分诚恳地回答说：“我热爱物理学，我也认为我具有研究物理学的天赋。”

韦伯教授听到爱因斯坦的回答后，无奈地摇摇头，说：“唉！你不仅不守规矩，还非常固执，算了，你想怎样就怎样吧……”

成长加油站

自信是一个人取得成功的重要的品质。只有一个自信的人，才会大胆地去尝试研究各种新事物，才不会被外界的舆论所左右，才能够坚持自己的信念始终不变。一个自卑的人很容易受到环境影响，也很难尝试新事物，所以他是很难做出一番成绩的。我们一定要从小把自己培养成为一个自信的人，不受外界影响，坚持自己的理想和信念一直走下去。

延伸思考

1.韦伯教授为什么建议爱因斯坦学其他专业？

2.在你看来，爱因斯坦是一个怎样的学生？

名人名言

苦和甜来自外界，坚强则来自内心，·来自一个人的自我努力。

——爱因斯坦

第十二章　穷困的大学生活

在爱因斯坦进入大学的前一年，他的父亲和雅各布叔叔在帕维亚创办的工厂也倒闭了。在爱因斯坦进入大学后，家里的经济越来越困难。为了阻止父亲再冒险，爱因斯坦劝告了父亲，可是父亲并不听从，而且又重新开办了一个工厂。但是，刚过了两年，工厂也倒闭了。

一天，爱因斯坦收到一封家人从意大利寄过来的信。他看到信封上是母亲秀丽的字体，觉得很奇怪，因为以前都是父亲给他写信的。

青年时期的爱因斯坦

“爱因斯坦，我要告诉你一个不好的消息，这可能是家里寄给你的最后一笔生活费用了。我们家的工厂已经倒闭了，机器也都用来抵债了。其实，这也是很无可奈何的事情，因为整个经济似乎都

出现了问题，不止我们一家，很多工厂都倒闭了。但是，你也不要太过担心，只要我们一家人团结起来，继续努力，一定会度过这一段艰难的岁月的。从下个月起，你的姨父会每个月寄给你100法郎，资助你继续完成学业，所以，你一定要好好学习！爱你，我的孩子！”

读完信后，爱因斯坦很长一段时间里都没有说话，他突然感觉自己长大了，要背负起家庭的重担了。

从此以后，为了节省费用，他从学校宿舍搬到了一个廉租房内。屋子里没有暖气，只有一个小小的窗子，冬天像冷库一样寒冷，夏天像蒸笼一样闷热。他常常穿着破旧的衣服，一天只吃一顿饭——一片面包和一杯牛奶。而就在这样拮据的生活中，他还要每个月都预留出20法郎，用来交付入瑞士国籍的证件费。但是，爱因斯坦从来没有抱怨过，他反而比以前更加勤奋地学习。

在他租住的房间里，桌子上、床上、椅子上、地板上，到处都堆满了书籍。爱因斯坦每天从学校放学回来后，仍然不休息，继续埋头在书堆中学习，忘记了吃饭和睡觉。只有当他饿得肚子不停地咕咕叫的时候，他才会到附近的小餐馆里胡乱吃一些东西。

和爱因斯坦比较要好的几个同学，知道爱因斯坦过得非常艰苦，总想方设法去帮助他。他有一位同学叫菲立迪希，家里非常有钱。当他知道爱因斯坦生活得十分窘迫的时候，想要提供帮助，但是他又怕倔强的爱因斯坦拒绝，于是就偷

偷租了一个地方，把需要家教的学生聚集起来，让爱因斯坦给他们补课。可是，由于这些来补课的学生大都比较穷困，所以爱因斯坦收取的补课费非常低，甚至连菲立迪希交付的房租的一半都不到。

此外，还有很多同学，比如格罗斯曼、路易·科尔罗斯、雅科布·埃拉特等人，也都经常请爱因斯坦到家里去做客，变着法子改变爱因斯坦的生活。除了爱因斯坦的同学，一个名叫米列娃·玛丽克的塞尔维亚姑娘也非常关心爱因斯坦。

米列娃·玛丽克为了引起爱因斯坦的注意，在课堂上总是坐在一号座位，而且总是提出疑问最多的一位。渐渐地，爱因斯坦被她有深度、见解独到的提问吸引了，视线总是不自觉地在她脸上停留。爱因斯坦发现，这位名叫米列娃·玛丽克的女同学，不仅有独立思考的能力，还很漂亮。她的侧脸曲线非常秀丽，那双蓝色的大眼睛一闪一闪的，显得格外纯真。

米列娃 · 玛丽克

一天，在课堂上，米列娃提出一个导出常量的问题，教授让爱因斯坦解答。爱因斯坦来到讲台上，很快就列出了一系列方程式，得出了答案。当教授问米列娃看明白没有，她却回答说：“教授，在短短三分钟的时间里，爱因斯坦同学

提了十五次裤子。”同学们听到后，大笑不止。从这开始，爱因斯坦和米列娃这一对年轻人就成了很好的朋友。

他们两个都喜欢到图书馆看书，遇到不太了解的问题，他们就会不停讨论，直到弄清楚为止。由于图书馆内禁止大声喧哗，他们就将自己的看法写在纸上。爱因斯坦渐渐发现每当自己和米列娃在一起的时候，思维总是特别清晰、灵活。所以，他们自然地也就从朋友发展成了恋人。

成长加油站

爱因斯坦在困难的环境中仍然坚持学习，这也告诉我们，困境不是一个人不努力学习的理由。只要坚定自己的理想，并为之付出坚持不懈的努力，不管条件多差，最后我们一定会获得理想的收获。所以，不要抱怨我们的生活条件或学习条件有多么不好，要将我们的精力集中在学习上并长期坚持下去，最后，我们会发现自己已经成了理想中的自己。

1.爱因斯坦是如何度过穷困的大学生活的？

2.同学们是用什么方式来帮助爱因斯坦的？

第十三章　找不到工作的优等生

1900年秋，爱因斯坦从瑞士苏黎世联邦工业大学毕业了。从此，爱因斯坦开始了漫长的求职道路。为了能够在瑞士找到一份稳定的工作，在1901年2月，爱因斯坦花掉了自己大学时期积攒下来的全部积蓄，申请加入了瑞士国籍。

可是，爱因斯坦并没有很快在瑞士找到一份满意的工作。于是，他又回到了住在意大利的父母家中，一待就是半年。在这段时间里，爱因斯坦写了一篇论文《由毛细血管现象得出的推论》，并将论文寄到了莱比锡。

可是，他不能一直住在父母家里，必须得赶快找一份像样的工作了。爱因斯坦考虑到自己已经加入了瑞士国籍，相比意大利，在瑞士找工作还是会比较容易一些，于是，他又回到了苏黎世。可是，第二次来到苏黎世也没有让爱因斯坦变得幸运，他每天都穿梭在大街小巷，在各个面试地点回答各种各样的问题，依然找不到一份适合自己的工作。跌到人生谷底的爱因斯坦突然想到了德国伟大的化学家奥斯特瓦尔德。他天真地安慰自己说："也许奥斯特瓦尔德先生能够欣赏我的才华，为我推荐一份不错的工作呢。"

在这种思想的推动下，他勇敢地给奥斯特瓦尔德写了一封信。但奥斯特瓦尔德并没有给他回信。爱因斯坦很失望，可又不想放弃。于是，他又一次联系了奥斯特瓦尔德。这一次，他没有写信，因为他觉得如果再写信去，会让人觉得有点儿赖皮，会让人瞧不起。他给奥斯特瓦尔德寄去了一张明信片。在明信片上，他谎称上次写信可能忘记写回信地址了，这次是特意告诉地址的。可是，爱因斯坦再次失望了，因为奥斯特瓦尔德依然没有给他回信。人生际遇就是这样奇妙，奥斯特瓦尔德当时无论如何也想象不到，9年之后，自己将会和爱因斯坦一起在日内瓦接受名誉博士学位，而且自己还是第一个提议爱因斯坦为诺贝尔获奖人的人。

走投无路的爱因斯坦又向荷兰莱顿大学的卡末林·昂内斯教授请求帮助。这一次，随信寄出的还有他的一篇论文，以及一张写好自己地址的贴满往返邮票的明信片。可最后，这封信也石沉大海，没有返回一点儿消息。

就在爱因斯坦被接连的打击快要击垮的时候，他的父亲满怀着对儿子的关心和爱护，为了维护儿子那颗已经被深深刺伤的自尊心，忍受着贫穷和病痛的折磨，也给奥斯特瓦尔德写了一封信。在信中，爱因斯坦的父亲请求奥斯特瓦尔德给自己的儿子一次机会。

可怜天下父母心，为了自己儿子的前途，年迈多病的父亲仍然甘愿去请求别人帮忙。可是，爱因斯坦父亲的一片爱子之情也没有换来奥斯特瓦尔德的回信。爱因斯坦仍然每天

为了寻找工作而不停地忙碌着。

一天，爱因斯坦从报纸上看到温特图尔镇上的一所学校正在招收临时教员。爱因斯坦终于看到了希望，于是他立即动身，来到温特图尔镇。这个小镇位于穷人区，学校周围到处都是工厂高耸的烟囱。学校的校长见到爱因斯坦后，什么都没有问，也没有看爱因斯坦的档案，只告诉爱因斯坦代课时间为半年。爱因斯坦经过之前找工作的种种挫折，又面临着严重的经济危机，所以他立即答应了。

爱因斯坦教的是机械制图课。第一次上课的时候，他刚走进教室，发现教室里的学生都是年轻的工人，年龄应该比他还要大，十分诧异，但很快他就恢复自如了。学生们站起来，向他行了教师礼。爱因斯坦还礼后，打开认真准备好的备课教案，在黑板上写下了“第一课”。学生坐在座位上，认真地听着他讲课，他们脸上严肃认真的表情让爱因斯坦感动得润湿了眼眶。

每天，爱因斯坦就和学生们一起吃饭，亲切地为学生解答疑惑。很快，爱因斯坦就以他渊博的知识得到了学生们的尊敬。短短6个月的时间一晃而过，正式的教师来了，爱因斯坦要离开了。学生们已经和爱因斯坦结下了深厚的情感，都舍不得爱因斯坦离开，将爱因斯坦送出很远后才返回学校。半路上，学校的校长又骑着马追了上来。校长说：“爱因斯坦先生，您是一个让人尊敬的人，如果您愿意的话，请您拿着这封信，去莱茵河边的沙夫豪森吧。那里有我的亲戚，他会帮助您的。”

爱因斯坦接受了校长的帮助，带着校长的信件，来到了沙夫豪森。校长的亲戚名叫雅科巴·纽易莎，是一个寄宿学校的宿舍管理员，他给爱因斯坦介绍了几位想要补习功课的学生。于是，爱因斯坦就在沙夫豪森暂时安定下来，做起了家庭教师。但没过多久，由于爱因斯坦与雅科巴·纽易莎在教育学生上意见不合，所以爱因斯坦被解雇了。

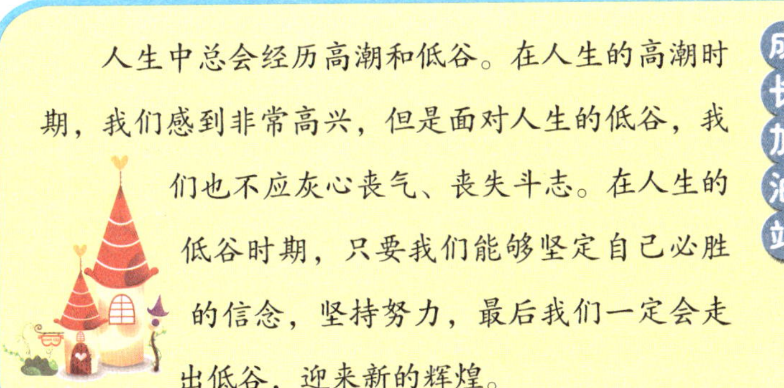

成长加油站

人生中总会经历高潮和低谷。在人生的高潮时期，我们感到非常高兴，但是面对人生的低谷，我们也不应灰心丧气、丧失斗志。在人生的低谷时期，只要我们能够坚定自己必胜的信念，坚持努力，最后我们一定会走出低谷，迎来新的辉煌。

延伸思考

1.爱因斯坦在找工作的过程中都做了哪些努力？这些努力的结果如何？

2.爱因斯坦的父亲为了帮儿子找工作，亲自去求人，这件事情对你有什么启示？

第十四章　伯尔尼转折点

就在爱因斯坦在沙夫豪森做家庭教师的时候，他之前寄到莱比锡的那篇名为《由毛细血管现象得出的推论》的论文在莱比锡《物理学纪事》杂志上发表了。尽管这篇论文后来被爱因斯坦认为“毫无价值”，但是在当时，爱因斯坦看到自己的名字“阿尔伯特·爱因斯坦”堂堂正正地出现在权威的物理学杂志上的时候，内心再次被温暖和希望填充得满满的。

后来，爱因斯坦给自己大学时期的好朋友格罗斯曼写了一封信，把自己的近况告诉了好朋友：

从1901年9月，我来到沙夫豪森，成了一家寄宿学校的家庭教师，在这里从事教学活动的时候，我仍然会抽出时间来研究气体动力学，并且仍在思考着以太方面的问题。

这时，格罗斯曼已经当上了助教。当他了解到爱因斯坦在穷困的生活环境下仍然没有放弃物理学研究的时候，就通过自己的父亲，联系到了伯尔尼联邦专利局局长哈勒。哈勒是一个办事果断、心胸宽阔的人，当即就答应要帮爱因斯坦安排一个恰当的职务。

1901年12月11日，伯尔尼专利局在报纸上刊登了一则招聘

信息："征聘二级工程师。应征者需受过高等教育，精通机械工程或物理学……"格罗斯曼就把报纸寄给了爱因斯坦。

爱因斯坦看到报纸上的招聘信息后，立刻来到伯尔尼专利局，填写了职位申请书。然后，工作人员带领着他来到了局长办公室。办公室门一打开，爱因斯坦就看到坐在办公桌后面的局长睁着一双如老鹰般锋利的眼睛，他的心脏立刻不受控制地剧烈跳动起来。可是，这份工作对于爱因斯坦来说真的太重要了。他必须要强装镇定，不能露出一丝慌乱，否则这份工作就会落到他人手中，到那时，自己又要为找工作而奔波了。

哈勒局长请爱因斯坦在对面的椅子上坐下，然后将自己面前的几份专利申请书递给他，让他当场提出意见。可是，爱因斯坦之前根本没有接触过工程方面的知识，对于技术细节更是一窍不通，他哪里能提出专业化的意见呢。爱因斯坦盯着手中的那几份专利申请书，看了好一会儿。哈勒局长看到爱因斯坦这样，早已猜到他没有从事工程工作的经验，但是哈勒局长也发现爱因斯坦对于新事物具有非常敏锐的反应力以及判断真伪对错的能力。于是，哈勒收回了那几份专利申请书，和爱因斯坦聊起了物理学。从牛顿到麦克斯韦，爱因斯坦滔滔不绝地讲起来。他在讲述中提出的观点和看法新颖独到，深深地打动了哈勒局长，所以，哈勒局长破格录用了爱因斯坦。

爱因斯坦应聘上伯尔尼专利局的工程师之后，正高兴地以为自己以后的人生将会越来越好，自己的未来将充满光明的时候，他收到了一个从家里传来的坏消息——他的父亲患了心脏病。于是，爱因斯坦赶紧收拾行囊，回到了米兰父母的家中。但不久，父亲就因病去世了。父亲在临终之前，答应了他和米列娃的婚事。举行完父亲的葬礼，爱因斯坦就又离开家，从米兰到伯尔尼去了。

爱因斯坦在伯尔尼的一幢破旧的小房子里住了下来，很快他就要到专利局去上班了。但在成为专利局的正式员工之前，他还需要等待一段时间，因为只有专利局出现空缺职位的时候，他才能够正式上班。在待职期间，爱因斯坦又重新做起了家庭教师。

伯尔尼

由于伯尔尼是瑞士的首都，这里经济发达，学校林立。爱因斯坦认为凭着自己的物理学知识，肯定不愁招不到学生。但是要通过怎样的方式来将消息传播出去呢？他想到了一个办法，在伯尔尼的报纸上刊登一则小小的广告：

“阿尔伯特·爱因斯坦，苏黎世联邦工业大学毕业。讲授物理课，每小时3法郎，愿者请洽。”

最后，爱因斯坦只招到了几名学生。对此，爱因斯坦却看得很开，他仍然以最大的热情，向学生们讲授着物理学课

程。他曾经补习过的一个学生是这样描述课堂上的爱因斯坦的："身高约5英尺10英寸，肩膀宽阔，腰微微前倾，棕色的皮肤透着一丝苍白，嘴巴长得很漂亮，上唇留着黑胡子，鼻子稍带鹰钩，棕色的眼睛炯炯有神，语音欢快，法语发音准确，但听起来有一股德国味道。"

在这些补习学生之中，有一个名叫莫里斯·索洛文的。他是罗马尼亚人，学习的科目非常广泛，不仅学了哲学、文学、希腊文、数学、物理学、地质学，还旁听了医学课程。但是，所有这些科目中，最让他感兴趣的还是理论物理学。

当索洛文拿着那份刊登有爱因斯坦的小广告的报纸，来到爱因斯坦的居所的时候，爱因斯坦正站在晦暗不明的楼道里迎接他。爱因斯坦第一次见到索洛文，就被他那双大眼睛中闪烁着的不同寻常的光辉给震惊了。这一次，他们进行了深入的交谈，并且，爱因斯坦与索洛文从此就结下了深厚的友谊。过了几个星期后，另一个叫作哈比希特的青年也加入了进来。

他们一般在下课或工作结束之后才见面。每当这个时候，他们就会一起出去散步，或者到某个人的住所内聚会、聊天或者阅读。他们就像举办一个小小的研讨会一样，先阅读名人名著，如安培的《科学的哲学经验》、彭加勒的《科学的假设》、戴德金和克利福德的数学论文、黎曼的著名演讲《论作为几何学基础的假设》等，然后再聚在一起，对于发现的问题进行激烈的讨论。有时候，他们会一直讨论到深夜，有时甚至连续几天，直到把问题弄明白为止。

为了使待在一起的时间更长一些，他们经常会一起吃饭。饭食非常简单，通常只有一些灌肠、干奶酪、水果和蜂蜜水等。之所以吃得这么简单，一是因为做饭需要花费时间，二是他们没有太多的钱。不过，艰苦的生活条件并没有让他们觉得难以忍受，他们反而觉得这段时间是他们人生中非常幸福的一段时光。后来，他们还为他们的三人世界起了一个风雅的名字——奥林匹亚科学院。

很快，奥林匹亚科学院又扩大了。爱因斯坦在专利局的同事贝索，以及爱因斯坦妹妹玛雅的丈夫泡利·温德勒也先后加入进来。

每天早晨，爱因斯坦就和奥林匹亚科学院的伙伴们一起来到小饭馆内，围坐在桌子旁边喝咖啡边讨论问题，一直待到9点钟。从小饭馆里出来后，他们就会徒步到20公里外的图恩城去。他们坐在阿尔卑斯山的山脚下，一起谈论地球的历史、山脉的形成等地质学问题。此时的爱因斯坦，整个身心都沉浸在深深的思考中。

生活中的爱因斯坦

1903年1月6日，爱因斯坦和米列娃结婚了。于是，米列娃也搬到了伯尔尼。从此，奥林匹亚科学院就固定在爱因斯坦家举行，变成了家庭沙龙。一些代表科学技术未来的年轻人经常来到爱因斯坦家里，对科技发展进行激烈的讨论。也正是在这种讨论中，爱因斯坦的思路被打开，产

生了很多奇思妙想。

有一天，格罗斯曼来了，和爱因斯坦坐在客厅里高兴地谈了很久。

格罗斯曼一边和爱因斯坦聊着天，一边翻看着他的手稿。当他看到一沓手稿中的记述时，惊讶地望着他的老朋友爱因斯坦说：“这个光量子假说是你提出来的？”

爱因斯坦微笑着说：“没错，就是我。”

格罗斯曼逐渐由震惊转为了崇拜：“现在你已经进入量子理论的范畴了，要知道这在目前还是一个非常尖端的学科呢！”

爱因斯坦从容地回答说：“我只是在论证相对论的时候需要用到量子力学方面的知识，所以也就顺手研究了一下光能和电能互相转化的问题。”

“爱因斯坦，你赶快将这些资料整理成一篇论文，然后交给我，现在学校正在为申请博士学位的论文水平太低而苦恼呢，你的这篇论文肯定会被学校通过的。你要快一点，学校下个月就要举行博士论文答辩了。”

“这有意义吗？不过我遵命。”爱因斯坦笑笑说。

1905年4月，寒冷的冬天已经过去，天气正渐渐变得温暖起来。这时，在瑞士苏黎世联邦工业大学的第一学术厅里，爱因斯坦的博士论文答辩就要开始了。

爱因斯坦提交的博士论文是《分子大小的新测定法》，这个题目看似普通无奇，在纯学术领域，对理论的论证要经过漫长时间的考证，这样才能体现出它的指导意义。而爱因斯坦的论文，在对当前科学发展进行论述的基础之上，提出了新的假说，还进行了能量转换的论证，具有非常强的实操性。一旦被应用于实际，它将会产生出乎预料的巨大财富。

爱因斯坦向评委们讲述完自己的论文以后，评委们眼睛里都冒出了喜悦的光芒，纷纷对爱因斯坦回以热烈的掌声。最后，爱因斯坦顺利地拿到了博士学位。

成长加油站

不管做什么事情，我们一定要从自身的实际情况出发。爱因斯坦找工作的经历告诉我们，只有脚踏实地，一步一个脚印地付出努力，我们才能够最终实现我们的理想。如果我们整天高唱理想，却不愿意从最基础的事情做起，那么理想就是空谈，再美好的理想也是无法实现的。

延伸思考

1.爱因斯坦为什么能够在伯尔尼专利局应聘成功？

2.为什么奥林匹亚科学院时期是爱因斯坦和他的伙伴们感觉非常幸福的时期？

第十五章　小职员的大发现

爱因斯坦已经在伯尔尼稳定下来，并成为了专利局的正式职员，职位是三级技术审查员，年薪为3500法郎。直到这个时候，爱因斯坦的经济状况才好转起来，他再也不必为找不到工作而担忧了，更不必为无法支撑家庭开支而苦恼了。

爱因斯坦的《相对论》

爱因斯坦每天早上都会走着到专利局去上班，在四楼狭窄的办公室里工作8个小时后，才下班回家。

伯尔尼专利局和其他政府机构是一样的，每天只要按部就班地到办公室，处理完自己分内的职务，就没有什么事情了。这样的日子虽然安逸，但也最容易消磨掉年轻人的意志和抱负。工作一段时间后，爱因斯坦很快就摸清了这里的工作程序和方法。

专利局里使用的都是一种长腿座椅，所以，那些审查专利的工程师和专家们养成了一个习惯：把座椅往后一仰，双腿跷到桌上，悠闲地审查图纸。可是，爱因斯坦觉得这样实在是太安逸了，非常不习惯，于是就从家里带来了一把锯子，把自己的座椅的腿给锯掉了一截。他又可以按照自己的习惯，整个人都埋在图纸堆中工作了。

爱因斯坦在工作的时候精神高度集中，他按照局长提出的要求，认真审查每一份专利申请，并提出恰当的意见，写出精确的鉴定书。往往上午的时候，爱因斯坦就已经把手里的活全部做完了。到了下午，他就可以投入地去研究自己感兴趣的物理问题了。

他在纸张上写下一行行数字、一个个字母，很快纸张上就密密麻麻地充满了像蚂蚁一样的文字。一张、两张、三张……爱因斯坦不停地在纸张上推论着。

虽然爱因斯坦工作的时候非常严肃认真，但是他平时也非常风趣幽默。所以，爱因斯坦很快就赢得了同事们的喜爱。

有一次，两个同事因为一件小事吵了起来。两个人都说自己有理，互不相让，于是就找到爱因斯坦，请他给他们评理。爱因斯坦看到这两个人情绪都十分激动，自己无论劝谁，都会引起剩下那一个人的不满，所以他便笑呵呵地拿起身边的小提琴，说："哎呀，大家都是同事，有什么大不了的事情呢。来，都消消气，听我给你们拉一首韩德尔的曲子吧。"

那两位同事听到爱因斯坦的话，忍不住笑了出来。因为"韩德尔"在德语中也有"吵架"的意思。

后来，专利局又给爱因斯坦配了一套不大的公寓，作为给他的岗位补贴。爱因斯坦每天从专利局下班之后，回到家里，就会钻进他的小天地中，专心做起物理实验来。由于在家不像在专利局那样有规定的上下班时间，所以，只要他一投入到物理学研究之中，他就会忘记时间，甚至连吃饭、睡觉这种正常的生理需求都忘记了。

爱因斯坦和米列娃结婚后不久，他们就生下了一个儿子，名叫汉斯·爱因斯坦。爱因斯坦虽然为儿子的出生感到高兴，但是当他想到自己今后要承担起家庭的重担的时候，又感到责任重大。爱因斯坦能够将家庭和工作、事业和生存都协调好，安排恰当，不能不说他有超人的事情处理能力。

每天早晨，爱因斯坦就顶着一头乱糟糟的头发，趿踏着一双旧皮鞋，在破毛线背心的外面又穿了一件黑色的皮外套，推着婴儿车，带着儿子汉斯在大街上赶路。每走十几步，他就会停下来，从衣服口袋里掏出纸片和铅笔，在上面写写画画一阵后，低头看一眼还在熟睡的儿子，再看看钟楼上的大钟，然后继续走。散步回来后，爱因斯坦就把儿子交给米列娃，然后立即钻到自己的小角落里去，继续他在路上没有完成的演算。

爱因斯坦满脑子想着的都是实验、假设、公式和定律。他双眼透出兴奋的光芒，手一刻不停地在纸上写着。他下定决心，一定要亲自解决物理学中至今为止都没有人解答出来的最困难的“以太之谜”。经过坚持不断的研究和推算，这个只有26岁的小职员，终于找到了解释以太之谜的方法。就像小溪终于冲破了阻塞，爱因斯坦抓住脑中的闪现灵光，握着笔，发疯了一般在纸上飞快地书写起来。

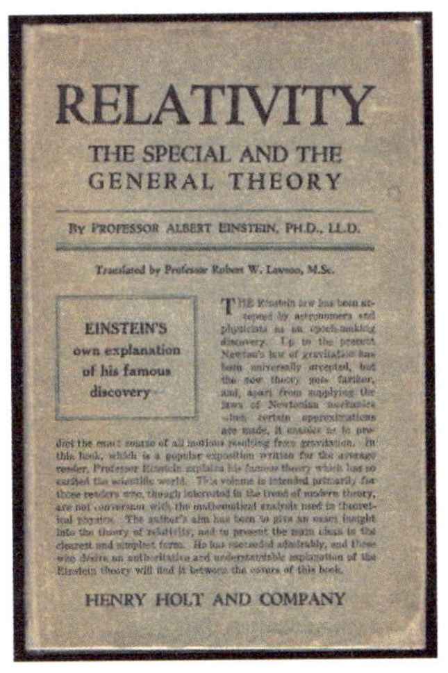

RELATIVITY

THE SPECIAL AND THE GENERAL THEORY

BY PROFESSOR ALBERT EINSTEIN, PH.D., LL.D.

Translated by Professor Robert W. Lawson, M.Sc.

EINSTEIN'S own explanation of his famous discovery

THE Einstein law has been accepted by astronomers and physicists as an epoch-making discovery. Up to the present Newton's law of gravitation has been universally accepted, but the new theory goes farther, and, apart from supplying the laws of Newtonian mechanics when certain approximations are made, it enables us to predict the exact course of all motions resulting from gravitation. In this book, which is a popular exposition written for the average reader, Professor Einstein explains his famous theory which has so excited the scientific world. This volume is intended primarily for those readers who, though interested in the trend of modern theory, are not conversant with the mathematical analysis used in theoretical physics. The author's aim has been to give an exact insight into the theory of relativity, and to present the main ideas in the clearest and simplest form. He has succeeded admirably, and those who desire an authoritative and understandable explanation of the Einstein theory will find it between the covers of this book.

HENRY HOLT AND COMPANY

1920年，报纸上刊登的爱因斯坦相对论的英文原版

一个多月以后，爱因斯坦根据他的研究，写成了一篇论文，叫《论动体的电动力学》。这是他的

第四篇论文，他之前已经写过三篇论文了。这篇论文第一次正式探讨了相对论，开创了物理学的新纪元，其表达的相对论等物理学思想被一些科学家评价说“与哥白尼的日心说一样，具有划时代的意义！”

一个只有26岁的青年，一个在伯尔尼专利局做着最平凡工作的小职员，竟然利用业余时间，在物理学的三个未知领域里都获得了巨大的成果，这简直就是科学史上的一个奇迹。很多人都把爱因斯坦看作是天才，一个物理学领域难得的天才！但是，爱因斯坦并不这么认为，他对自己的评价是“我没有什么特别的才能，不过喜欢寻根究底地追究问题罢了”。

但不管怎么说，爱因斯坦是物理学史上当之无愧的革命者。他创立的相对论和量子力学，在物理学史上的确具有划时代的意义。

LIGHTS ALL ASKEW IN THE HEAVENS

Men of Science More or Less Agog Over Results of Eclipse Observations.

EINSTEIN THEORY TRIUMPHS

Stars Not Where They Seemed or Were Calculated to be, but Nobody Need Worry.

A BOOK FOR 12 WISE MEN

No More in All the World Could Comprehend It, Said Einstein When His Daring Publishers Accepted It.

当时的报纸对爱因斯坦相对论的报道

在1905年的创造性研究中，爱因斯坦最开始进行的是对分子物理学的研究。他之所以要研究分子物理学，是为了论证得出可靠的结果，从而为他提出的原子论提供依据。

当时，很多人都认为分子和原子是不存在的。爱因斯坦为了让人们接受他提出的原子论，让人们相信原子和由原子构成的分子是存在的，便开始了研究分子运动论。

其实，在很早之前，爱因斯坦就已经开始研究分子运动论了。他现在要研究的是布朗运动。在研究中，爱

因斯坦运用统计方法成功论证出了悬浮粒子的运动速度及其颗粒大小与液体的黏滞系数之间存在着一定的数量关系，而且这种关系是可以被实验检验的。爱因斯坦把他的这一研究结果写进了《分子热运动论所要求的平静液体中悬浮粒子的运动》中。1908年，法国物理学家佩兰通过实验也完全证实了“布朗运动的爱因斯坦定律”。

在前面这些研究的基础之上，爱因斯坦开始了光学理论方面的研究工作。爱因斯坦把他的研究成果写成了论文《有关光的产生和转化的一个试探性观点》。在这篇论文中，爱因斯坦以普朗克1900年提出的假设作为基础，提出：在热辐射过程中，能量的放出和吸收都不是连续进行的；每次放出和吸收的辐射能量都是“普朗克常数”的整数倍。

爱因斯坦之所以能够取得如此大的成果，是因为他从来不会被已有的研究结果和研究方法所禁锢，更不会惧怕权威。比如，他大胆运用普朗克假设，提出光虽然是在空间传播的一种波动现象，但光只能集中于特定地点，产生物理作用，所以光具有不连续的颗粒性，它可以是一束光量子，即“光子”。这也就是爱因斯坦的光量子理论。

而使爱因斯坦真正誉满天下的则是他提出的物理学相对论。代表相对论的数学公式$E=mc^2$已经成为众人皆知的一个公式。这一相对论公式，简化了物理守恒定律的内容，将惠更斯和牛顿彼此对立的光学理论统一起来，使长期彼此分离的质量守恒和能量守恒定律合并为一条定律：对于一个闭合的物质系统来说，质量和能量的总和在所有的过程中是不变的。

站

爱因斯坦在繁忙的工作中也没有放弃对物理学的研究，所以他才能在物理学领域取得如此大的成就。由此可以看出，一个人要想实现自己的理想，不管外界环境怎样变换，一定要坚定自己的信念不动摇。我们只有坚定地朝着自己的理想不断努力之后，最后才能够达到目标，得到满意的结果。

1.爱因斯坦为什么要将自己坐的椅子腿锯掉一部分呢？

2.爱因斯坦的相对论在物理学上具有什么意义？

名人名言

不要努力成为一个成功者，要努力成为一个有价值的人。

——爱因斯坦

生活就像骑自行车，要想保持平衡就要不断运动。

——爱因斯坦

第十六章　“特立独行”的教授

一夜之间，爱因斯坦变成了科学界声名鹊起的红人，成了世界上闻名遐迩的大科学家。可是，爱因斯坦依然过着和以前一样平淡的生活。每天，他会在伯尔尼专利局度过8个小时，然后回到家，照顾孩子，继续自己的研究。但是，一些看过《物理学纪事》，读懂相对论的人总是想要亲眼看看这位伟大的物理学家究竟长什么样子。

当人们打听到爱因斯坦居住在伯尔尼的时候，就以为他一定是伯尔尼大学的一位教授。于是，人们纷纷来到伯尔尼大学，寻找爱因斯坦。

有一位叫作劳厄的年轻人，在从教授那里得知相对论之后，便一直想见一见相对论的创立者，并当面聆听他的教诲。于是，劳厄刚放假就来到了伯尔尼大学找“爱因斯坦教授”。可是，他发现伯尔尼大学里根本没有爱因斯坦教授这个人，倒是伯尔尼专利局里有一个叫作爱因斯坦的小职员。劳厄对这个发现半信半疑，但他还是来到了专利局。

在专利局的走廊里，劳厄一边走一边寻找着爱因斯坦的

身影。这时，他突然撞到了一个年轻人身上。这个年轻人当时正在走廊里来回踱着步。他穿着一件格子衬衫，头发像一团乱麻一样堆在头上，一撇小胡子胡乱地卧在上唇边，领子半竖半躺地围在脖子周围。劳厄随意瞥了一眼这个邋遢的年轻人，问："请问，爱因斯坦博士在哪间办公室？"

这个年轻人仿佛刚从梦中醒来，过了一会儿才回答说："对不起，我就是。"

劳厄没想到站在自己眼前的这个不修边幅的年轻人竟然是相对论的创立者爱因斯坦，他惊得大张着嘴巴，过了好久才接受这个现实。几分钟后，他们来到一家小餐馆内，开始了深入的交谈。从此，劳厄和爱因斯坦就成了终生的朋友。

很多教授也都听闻了爱因斯坦的大名，对他崇敬有加。1907年，苏黎世联邦工业大学的克莱纳教授建议爱因斯坦向伯尔尼大学申请"编外讲师"的职位，过一段时间后，再申请苏黎世联邦工业大学的教授职位。爱因斯坦接受了这一建议，因为成为大学教授之后，他将有权利使用大学的实验设施，这对于他的物理研究是非常有利的。爱因斯坦一边继续在专利局工作，一边向瑞士苏黎世联邦工业大学提出了到大学任教的申请。他还给伯尔尼州立当局寄去了一封信，里面附带了他的博士论文等17篇论文的副本，还有他大学时所学的全部课程。

对于爱因斯坦的申请，瑞士苏黎世联邦工业大学非常重视，特意召集学校各学科教授前来商讨此事，结果大部分教师都表示赞同，但也有少数老师表示反对，其中反对最激烈的是

实验物理学教授。所以，爱因斯坦的申请就被搁置下来。

爱因斯坦在瑞士苏黎世联邦工业大学遭到拒绝以后，就想先在中学任教一段时间，到时候再进入大学就比较容易一些。于是，他又给温特图尔技术学校和苏黎世州立中学分别寄去了职位申请信。结果，这两个学校的回信还没有来，伯尔尼大学却给爱因斯坦来信了。信上通知爱因斯坦说，他的申请已经被伯尔尼大学通过，他可以来伯尔尼大学授课了。

但是，爱因斯坦当时还是伯尔尼专利局的职员，所以他只能抽零星时间去上课。1908年夏天，爱因斯坦每周二、周六上午的7—8点之间，会给包括贝索在内的三位学生讲热运动论。冬天，每星期三上午的7—8点之间，他要给四位学生讲课。

在伯尔尼大学当“编外教师”一段时间后，爱因斯坦收到了瑞士苏黎世联邦工业大学及其他一些科研机构邀请他去执教或加盟的信件。爱因斯坦经过仔细考量，最后选择了瑞士苏黎世联邦工业大学。

做出这个决定之后，爱因斯坦就向伯尔尼专利局局长哈勒提出了辞职申请。处理完在伯尔尼的事务后，爱因斯坦带着妻子米列娃和孩子来到了苏黎世。他们就住在联邦工业大学提供的一套面向利马托河的小型别墅里面。

每天，爱因斯坦都会准时走进教室，一边摘下帽子脱下外套，一边和学生随意地聊起来：“同学们，上次讲的量子测定的问题，你们有什么看法和疑问吗？”然后，学生们就开始七嘴八舌地表达自己的观点和看法，提出自己的疑问。

爱因斯坦就以这种随意的方式开始了他的讲课。由于爱因斯坦在物理学界的名声很高，而且态度随和，平易近人，所以他很快就得到了学生的喜爱和欢迎。

可是，他在教师中间就没有那么受欢迎了。有一次，学校开校务会，所有的教师都必须参加。爱因斯坦最讨厌参加这种无聊的会议了，所以当别人侃侃而谈的时候，他就坐在座位上，任由自己的思想自由驰骋。正当他思考一个复杂的问题的时候，突然听到有人提到了他的名字。

“各位，已经有很多人向我反映爱因斯坦副教授上课的时候不带讲义，所以请爱因斯坦先生今后一定要注意。校长先生，没有讲义，课堂就会毫无规划，将会变得一团糟，这种现象一定要制止。”一位老教授向校长反映道。

紧接着，一位学监老师也开口了：“我还听说学生们编了一个顺口溜：‘聪明的人才是数学行家，阿尔伯特·爱因斯坦指出物理学的方向，虽然他很少散步、呼吸新鲜空气，可是上帝不让他剪掉长头发。’这可不是一个好现象，请爱因斯坦先生注意。”

……

也有一些教授表示支持爱因斯坦。有一位亚德勒教授听到前面几位教授的话后，立刻反驳说：“一位教授能上课不依赖讲义，下课后学生们把他编成顺口溜，我认为这反而应是我们每一个人都要争取达到的境界。”

接着，格罗斯曼教授也说：“我很了解爱因斯坦先生。只要讲课的效果好，讲课的方式就不必深究。如果你对爱因斯坦先生的教学效果有疑问，可以到教务处去调查。”

克莱纳教授也站了起来，激动地说：“爱因斯坦先生有着高尚的人品。他可以将高深难懂的知识以一种容易理解和接受的方式传达给学生。这不是任何人都能够做到的。”

爱因斯坦一直沉浸在自己的思绪中，根本没有注意到原来自己已经成为其他教师讨论的对象了。

成长加油站

做人最怕的就是人云亦云，丧失掉自己的特色。我们在学习的过程中，一定不要别人说什么就信什么，别人做什么就做什么。我们一定要坚持自己认为对的东西，按照自己的原则办事，这样我们才能够不被其他人影响，才能不迷失自己。

延伸思考

1.爱因斯坦为什么想进大学当教授？

2.爱因斯坦的教学方式有什么不同？这给他带来了什么影响？

第十七章　跻身于科学家之列

爱因斯坦在成名之后，也逐渐变得忙碌起来。他要到各个国家和地区去参加各种科学研讨会。1909年9月，萨尔茨堡召开了全国自然科学家协会第81大会，邀请世界各地的科学权威参加，而爱因斯坦是这次大会第一个被邀请的嘉宾。

受邀参加学术报告会，对于爱因斯坦来说还是第一次。在这次会议上，爱因斯坦意识到，他已经被大家接受，并成功挤进了物理学大家的行列了。

在这次会议上，爱因斯坦是第一位演讲人。当主持人普朗克教授介绍完爱因斯坦，说："现在请阿尔伯特·爱因斯坦博士来为我们讲述他的论文《关于辐射的本质和结论观点的发展》。"可是，爱因斯坦并没有听到主持人的话，他正趴在桌子上，聚精会神地演算着什么。人们都转过头看着爱因斯坦。这时，爱因斯坦旁边的人用手轻轻推了一下他，小声提醒说："爱因斯坦，该你发言了。"

爱因斯坦突然抬起头，看到会场上的众人都在鼓掌，还

以为会议已经结束了，于是也跟着一起鼓掌。人们都被他的这一举动给逗乐了。过了一会儿后，爱因斯坦才明白轮到自己上去演讲了。

爱因斯坦与第一任妻子米列娃

爱因斯坦不仅要到各个国家和地区去参加研讨会，还会被一些学校邀请去讲学。第一个邀请爱因斯坦去讲学的是荷兰的莱顿大学。

莱顿大学有一位洛伦兹教授，在爱因斯坦到莱顿大学讲学的那几天，他一直和爱因斯坦待在一起。他们虽然年龄差距很大，但对于物理学科有着相同的理念和造诣，于是，洛伦兹教授就想邀请爱因斯坦到他的学校来工作。但是，爱因斯坦最后并没有去莱顿大学，因为布拉格的德国学院也向爱因斯坦发出了讲学邀请，而且给出的待遇比莱顿大学高出很多。在妻子米列娃的建议下，爱因斯坦去了布拉格大学。

在布拉格大学，爱因斯坦不仅要完成学校规定的教学任务，还要承担一定的研究工作。所以，他在第一天上课的时候，就明确地告诉学生：“我必须把最新的物理学观点告诉你们，如果你们有什么问题，随时来找我，因为你们是下一代的物理学家。”

爱因斯坦在教学和研究之余，就到一位教梵文的林德尼克老教授那里，和他交谈。林德尼克老教授是一位人权和平主义者，学识非常渊博。每次和林德尼克老教授交谈，爱因斯坦都能够获得启发。当爱因斯坦感到心烦意乱的时候，他只要到林德尼克老教授家里，和老教授聊聊天，烦恼就会慢慢消散了。

1911年10月，世界索尔维科学大会邀请了当时世界上在科学领域做出重要贡献的学者，也给爱因斯坦和赫泽那尔教授发出了邀请函。在会场上，爱因斯坦发现很多科学界的巨人都来了，有代表德国热力学权威的能斯特教授和普朗克教授，法国的数学大师彭卡雷教授和电磁学权威朗吉邦教授，英国剑桥大学的顶尖教授拉泽福，以及当时名闻天下的居里夫人。

来自莱顿大学的洛伦兹教授是索尔维大会的主席。爱因斯坦到达会议举办城市布鲁塞尔的当晚，就和洛伦兹教授见面了。

洛伦兹教授说：“爱因斯坦博士，你最后选择了布拉格大学。对此，我感到非常遗憾。”

“很抱歉，洛伦兹先生。我因为一些现实的原因，没去莱顿大学，希望您能谅解。”爱因斯坦不好意思地解释说。

“我理解，爱因斯坦博士。”洛伦兹教授用一双睿智的眼睛看着爱因斯坦说。

会议开始了。受邀的专家和学者按照次序到讲台上阐述自己的论文和学术观点。很快，就轮到爱因斯坦上台了。

“能斯特教授，请注意爱因斯坦博士的理论。”在爱因斯坦走上讲台的时候，普朗克教授小声对身旁的能斯特教授说。

爱因斯坦讲述完自己的论文以后，会场上的人都被他新颖独到的观点震撼了。

“……我讲完了，谢谢各位！”爱因斯坦的话音刚落，会场上就响起了一阵雷鸣般的掌声。

洛伦兹教授走上讲台，说：“各位，我们应该都明白，爱因斯坦博士的理论将会解决经典物理学上许多未能解释、未能深入研究的问题。我必须要说明的一点是，爱因斯坦博士没有经过任何人的指导，他是完全依靠自己的探索来完成这些理论的，这非常难得。而且，爱因斯坦博士在他任教的联邦工业大学的档案中，只是一个刚聘用不久的副教授。”

洛伦兹教授的这番话，无疑使得台下听众更加敬佩爱因斯坦，同时也为爱因斯坦所遭受的不公平待遇而感到不平，有很多人想趁机邀请爱因斯坦到他们学校去任教。

成长加油站

在生活和学习中，一些人总是担心别人看不到自己身上的优点，所以整天忧心忡忡，以至于不能踏实下来认真做事情。我们要记住：是金子总会发光。只要我们足够努力，认真对待每一件事情，那么，我们就会取得傲人的成绩，也肯定会得到别人的认可。

延伸思考

1.轮到爱因斯坦演讲了，可是他完全没有意识到，一直沉浸在物理学研究中，从这可以看出爱因斯坦是一个什么样的人？

第十八章　从副教授到教授

爱因斯坦在布拉格大学为期一年的讲学已经接近尾声。布拉格大学希望爱因斯坦可以继续留下来，学生们也希望他能够继续任教。可是，爱因斯坦和瑞士苏黎世联邦工业大学的聘用合同还没有到期，而且妻子米列娃也想回瑞士了。于是，爱因斯坦最后决定回苏黎世。

就在爱因斯坦准备动身的时候，一封来自法国的私人信件被送到了瑞士苏黎世联邦工业大学校长的手中。这封信是由彭卡雷教授和居里夫人联合署名的，信的开头写道："贵校副教授阿尔伯特·爱因斯坦先生，是我们所认识的最具有创造才能的学者……"

当地记者听说这件事后，便把这个消息当作头版头条发布在了各地报纸上，并指出：一个杰出的物理学天才竟然被学校压制，这足以说明政府当局教育政策的失败……

瑞士联邦工业大学的高层人物和苏黎世州州长对这件事感到非常着急，因为竞选很快就要开始了，如果这个问题被爆出来，他们在竞选的时候就会被对手抓住把柄。最后，他

们决定以特例名义改聘爱因斯坦副教授为正教授，并要为他举行一场特别隆重的聘任仪式。

爱因斯坦回到苏黎世后，妻子米列娃就将发生的事情都告诉了他。

“爱因斯坦，”米列娃说，“这些日子，你已经上了报纸的头条了。”

爱因斯坦边看报纸边说：“是的，我看到报纸上关于我的新闻报道了。其实，我和居里夫人也聊起过，我看重的不是头衔和名誉，只要能够给我一间真正的物理实验室，我就已经很满足了。”

米列娃担心地说：“不知道学校看到这些舆论后，会做出什么反应。”

“米列娃，我做好自己的事情就可以了，其他的我不想管，也管不了。”爱因斯坦说，“现在，我最想做的就是要将一篇光子论文修改出来，其他的事情就随它去吧。”

第二天，一封来自瑞士苏黎世联邦工业大学的信件被送到了爱因斯坦家中。原来，学校想邀请爱因斯坦下午到学校参加校务扩大会议。爱因斯坦准时来到会场后，发现房间里来了很多记者。他们看到爱因斯坦后，立刻一拥而上，将爱因斯坦包围起来。爱因斯坦非常不习惯这样的场面，他躲避着闪光灯，低着头在一个角落里坐下了。

他不明白，聘任一位教授又不是多大的事情，为什么校

方这次会安排这么大的场面呢？爱因斯坦疑惑地从座位上站起来，在记者的围绕下走上了讲台。当爱因斯坦从校长手中接过羊皮面的聘书时，会议主持人大声说道："现在，为爱因斯坦教授就职——"接着，就有几个人带着一套教授礼服走上讲台，给爱因斯坦穿上。镶着金边的上衣和裤子、厚呢大氅、平顶博士方帽，爱因斯坦瞬间像变了一个人一样……

爱因斯坦在联邦工业大学继续从事教学和研究工作，除了拿的工资比以前多以外，其他的在他看来并没有什么变化。

一天，爱因斯坦和一群好友回到家中，看到桌子上有一封来自布拉格的信件。他拿起来，拆开信封，发现里面又一沓布拉格当地的报纸。爱因斯坦打开报纸，看到报纸的通栏大标题是："快讯！快讯！爱因斯坦教授被赶出布拉格！""黑幕曝光：爱因斯坦博士是犹太教徒！""一问当局：犹太教授何以因种族原因离开？""花边新闻：钢琴女教师失去情爱"……爱因斯坦懵了，呆呆地坐在沙发里，一句话都不说。

格罗斯曼从爱因斯坦手中接过报纸，看了一会儿后，愤怒地说："手纸不如！爱因斯坦，你一定不要被这些谣言干扰，你知道的，记者总是喜欢腥气。"

另一个朋友亚德勒说："媒体都是为政客服务的，爱因斯坦，你也不要太难过，如今你名声大噪，难免会成为一些记者和政客攻击的目标，以后小心谨慎一些就是了。"

“难过？”爱因斯坦听到朋友的劝慰，看着他们说，“我哪里有时间去关注这些事情，我现在在思考我的光化当量定律。走，我们上楼去谈。”

就在这种被人当成政治的筹码互相攻击利用的时候，爱因斯坦仍不为所动，沉浸在自己的研究中，并完成了又一篇论文《关于光化当量定律的问题》。

成长加油站

面对外界的流言蜚语，我们一定要保持一颗淡定从容的心，并弄明白这样几个问题：我的目标和追求是什么？我的人生的价值和意义如何体现？当我们明白了这些问题，我们也就不会去为那些流言而伤心了。在学习中也是这样，我们只有刨除一切杂念，全身心地投入到学习当中，我们才能够获得知识，不断取得进步。

1.爱因斯坦升任教授的客观原因是什么？

2.面对诋毁，爱因斯坦的反应如何？这反映了他怎样的品格？

第十九章　艰难的选择

1913年夏天，爱因斯坦家里来了两位年过半百、德高望重的权威学者，一个是普朗克，另一个是能斯特。他们从德国柏林千里迢迢来到苏黎世，为的是要见爱因斯坦一面，并请他和他们一起回德国。

当时，第一次世界大战一触即发。西方各国为了增强自己的实力，积极鼓励创新和科技发展，推动科研机构研制新的科技产品。作为当时世界强国之一的德国，为了和英国争夺科技和工业发展的优势，以强制手段重新划分市场、原料产地和投资场所，强烈希望能够将理论研究转化为增强工业和军事竞争的实力。德国境内的大资本家纷纷支持国家的这一计划，于是就由受过加冕礼的倡议者牵头，创建了一个科学家协会和研究所，名字叫作“威廉皇家协会”，并且还支持或亲自创建了很多科学机构。于是，在当时的德国，专门的国家科学机构如雨后春笋般涌现出来。所以，德国对于科学人才尤其是理论研究人才的需求也越来越大。

为了给协会填充人才，担任协会挑选者职务的普朗克和能斯特就联名向上司报告：如果想把柏林打造成世界上唯一的物理学研究中心，就必须要把爱因斯坦请过来。

可是，爱因斯坦在很小的时候，就主动放弃了德国国籍，不愿意做德国人，所以请爱因斯坦回德国恐怕是一件非常困难的事情。而普朗克和能斯特依然坚持要请爱因斯坦回来。他们给爱因斯坦提供的条件非常诱人，也非常符合爱因斯坦的状况和思想。所以，当普朗克和能斯特来到爱因斯坦家中，将这些条件一一向爱因斯坦说明以后，爱因斯坦动心了。安定的生活环境、良好的工作条件、充裕的研究时间、不受任何束缚和干扰地进行相对论研究，这样的工作在这个世界上，除了柏林，哪里还能找到呢？

然而，真正接受这份工作，再次回到德国，爱因斯坦的内心还是有一些忐忑的。因为，当时的柏林是德意志帝国主义的根据地，如果自己移居到那里，很有可能会被强迫为帝国主义服务，而这是违背自己的政治和道德信念的。

再说，自己的妻子米列娃是斯拉夫族人，而德国人是看不起斯拉夫民族的，斯拉夫民族也不喜欢德国人。如果自己回到柏林，那米列娃该怎么办呢？

更让爱因斯坦不放心的是，据他了解，柏林的那些资本家和贵族们很喜欢强迫别人为他们工作，给他们带来收益，如果他们发现自己不能再向它们提供新的研究成果，为他们赚取经济效益的话，那么自己的处境将会变得非常危险。

在去还是不去的抉择中，爱因斯坦犹豫不决，总是拿不定主意。普朗克看出了爱因斯坦的迟疑，就拿出了他最后的“撒手锏”，他真诚地看着爱因斯坦的眼睛说：“你的出生之地，你真正的祖国在等待着你！”

“可是，我是个和平主义者，而且从小就放弃了德国国籍，德国真的会欢迎我吗？”爱因斯坦仍然不放心地问。

“你是世界闻名的大物理学家，是相对论的创立者，德国对于真正的人才从来都是欢迎的。”能斯特以一种恰到好处的外交辞令说道。

“但是……朗之万说过，全世界大概只有12个人懂相对论。”

“是的，这个世界上能够理解相对论的人真的非常少。但是，在这12个人里，其中有8个人都在柏林呢！”普朗克和能斯特特别有底气地说。

确实，当时的柏林是自然科学研究的中心。那里不仅有世界上最先进的研究设备，还聚集了大量世界一流的科研人才，的确是研究与推广相对论的最佳地点。

爱因斯坦想了一会儿后，幽默地对他们说：“这样吧，你们两个先到处转转，玩一玩，等你们回苏黎世的时候，我到车站去接你们。”

普朗克与能斯特听到这里，完全不知道爱因斯坦在讲什么，两个人你看看我，我看看你，一脸迷惑。

爱因斯坦继续说：“如果我手里拿的是一束白玫瑰花，那就代表我已经决定‘不去柏林’；如果我手里拿着的是一束红玫瑰花，那就意味着我已经下定决心‘去柏林’了。”

普朗克和能斯特只好听从爱因斯坦的意见，先离开了苏黎世。过了一段时间后，他们两人又乘坐火车，忐忑不安地回来了。在车站里，他们看到前来迎接他们的爱因斯坦手里拿着的是一束红玫瑰，两个人顿时放下了一路提着的心，开心地笑着朝爱因斯坦走过去。

爱因斯坦把自己要回柏林的决定告诉了妻子米列娃。米列娃非常吃惊，在她看来，他们在瑞士生活得非常愉快，而且他们都已经适应了这里的生活了。

她冲着爱因斯坦大声喊叫道："爱因斯坦，我已经适应了苏黎世的生活，我和孩子是不会离开这里的。等你和柏林方面的合同一到期，你就要立刻回来。"

"不！我不同意，我们一家人都要搬到柏林去。我要在那里静下心来搞研究，如果你们不去，我无法安心下来工作。"

"这么大的事，你之前为什么不和我商量一下？爱因斯坦，虽然现在你已经出名了，成了世界名人，但是你的家还在这里！在苏黎世！我和孩子才是你最亲的人！"米列娃越说越生气。

"柏林是个大都市，而且德国是我的故乡，是我从小生活的地方！就算你为我考虑一下好不好，米列娃，我们搬到柏林去住吧。"爱因斯坦耐心地劝说着妻子。

"爱因斯坦，以前不管日子多么穷困，我们都能够一起去面对，现在我们的生活好了，可是我们之间的矛盾却增多了，你没有发现吗？这都是因为你总是不安分，总想要标新立异，不愿意为这个家考虑考虑。"米列娃伤心地抽泣起来。

爱因斯坦听了妻子的话，沉默了一会儿说："我没有觉得我们的生活有什么变化，再说，标新立异有什么不好？只有不断追求新鲜事物，寻求不断发展，生命才有意义，才能活出自我的价值……"

还没等爱因斯坦说完，米列娃就发狂一般吼道："我受

爱尔莎·爱因斯坦

够了！爱因斯坦，我们分开吧！我和儿子们在苏黎世会生活得很好的。”

爱因斯坦知道自己无法说服妻子跟自己一起回柏林，也就只好任由妻子带着儿子留在苏黎世了。

1914年4月，爱因斯坦孤身一人来到了德国柏林。很快，他就投入到工作当中去，忙着熟悉皇家科学院和物理研究所的一切。他之所以让自己一刻不停地忙碌起来，不仅是他养成了爱工作的习惯，也是想要借助工作摆脱掉家庭的烦恼。

闲暇时间里，爱因斯坦也不愿意待在他的公寓里，因为他感觉一个人在空空如也的房间里实在太寂寞、太无聊了。他常常一个人沿着菩提大道散步，走累了就会在路边随便一家咖啡厅里坐下，喝一杯咖啡。

大多数时间里，爱因斯坦不是在忙工作，就是和朋友、同学或同事在一起。而且，他还有一个富有的亲戚住在柏林，就是他的表姐爱尔莎一家。小时候，他经常和表姐爱尔莎一起玩耍，两人的感情非常好。现在，爱尔莎已经是一个贵妇人了，她身材高挑，头发时尚地向后梳，露出饱满光洁的额头。她的一双美丽的蓝眼睛就像两颗纯净透明的蓝宝石一样，散发出耀眼的光芒，使得整个客厅都变得辉煌起来。爱因斯坦非常喜欢和爱尔莎待在一起，因为在她身边，爱因斯坦感觉心情特别舒畅。他一有时间，就会到亲戚家里做客。渐渐地，爱因斯坦发现自己喜欢上了爱尔莎。

成长加油站

科学没有国界，科学家却有自己的祖国。爱因斯坦在成名之后，没有忘记养育他的祖国，回到德国，用自己的研究成果来为德国服务。我们也应该向爱因斯坦学习，热爱自己的国家，尤其在国家利益受到危害的时候，我们一定要勇敢站出来，抵制一切侵害行为，保护国家利益不受损害。

1.最后，爱因斯坦为什么决定回到柏林?

2.爱因斯坦来到柏林后的日子是如何度过的?

第二十章　在战争中谋求和平

爱因斯坦正要计划在学术上做出新的一番成就的时候，第一次世界大战爆发了，而德国是这场战争的主要发动者之一。

德意志帝国的统治阶级，包括皇帝陛下、内阁大臣和民意代表议员等，都想方设法地鼓动极端的民族情绪和狂热的战争情绪。很快，整个德国就陷入了战争的喧嚣之中。柏林的大街上，战旗飞扬、军号嘹亮，军人们迈着整齐的步伐，无比坚定地走向炮火纷飞的战场；前来送行的家人围在一旁，一边欢呼，一边把一束束鲜花塞到士兵的怀里；少女们则怀着满腔热情吻别着出征的战士。柏林的大街小巷都流动着战争的狂热情绪，不停地响起响亮的战争口号。人们已经失去了理智和判断能力，被一种不正常的战争激情驱使着。

在这种大环境下，柏林的很多教授也都加入了宣传战争的大合唱中。尤其是在德国侵犯比利时后，英国和法国的报纸报道说："我们爱歌德和贝多芬的德国，我们恨俾斯麦和威廉二世的德国。"这更加激发了德国文化名人的自尊心和民族情结。一些非常有名的学者和文人为此还起草了一个《告文明世界书》，以此来反击英国和法国。在这个文件中，有这样一句话："要不是由于德国的赫赫战功，德国文化早就荡然无存了。"就是这样一份宣扬武力、支持战争的文件，竟然有93位著名的科学家、艺术家和牧师在上面签名。这其中就包括X光的发现人伦琴、进化论者海克尔以及普朗克。

有人鼓动爱因斯坦也在这份文件上签名，可是，爱因斯坦直接拒绝了，他对外界公开宣称自己是一个和平主义者，反对一切战争。没过多久，爱因斯坦又和其他三人一起签署了一份《告欧洲人书》。这份文件与之前93人签署的《告文明世界书》针锋相对，是爱因斯坦人生中签署的第一份政治宣言。

这份宣言提倡的反战思想无论在当时还是现在，都是非常可贵的，如果能够真正引起人们的注意和反思，那么人类将会少受很多磨难。可是，在当时，这份《告欧洲人民书》没有像《告文明世界书》那样在人们中间引起轰动，不仅政客军人抵制，文人和思想家也不接受，就连普通老百姓都不愿意接受。事实上，没有一家德国报纸敢将这份反战声明发表出来。

即使在这种无人理解和支持的情况下，执着的爱因斯坦依然义无反顾地投入到了反战活动中去，他公开表明他的反战思想，尽全力去维护和平。

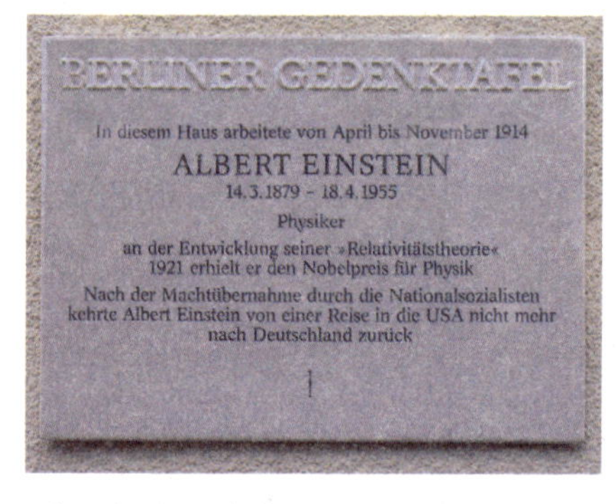

德国柏林—达勒姆艾伦伯格大街上的爱因斯坦纪念碑

1914年11月，爱因

斯坦和其他反战的知识分子在柏林组成了“新祖国联盟”。这个组织的纲领是实现不受领土限制的正义和平，阻止未来再发生战争。在这个组织中，爱因斯坦积极活动，为维护和平不懈努力着。可是，在1916年初，“新祖国联盟”遭到查禁，被迫转入地下，直到1918年秋，战争即将结束的时候，它才重新开始公开活动。战争结束后，“新祖国联盟”变身为“德意志人权同盟”，以增进德法两国人民的谅解为活动宗旨。在德国法西斯摧毁它之前，爱因斯坦一直都没有脱离这个组织。

爱因斯坦非常憎恶战争，认为人类的战争行为是一种兽性行为，他想唤起人们心中的善良，从而消灭人们的战争冲动。可是，后来的事实证明，爱因斯坦的这种做法太“天真”了。他从他科学家的大脑中，幻想出一个建立和谐、明晰的世界秩序的“科学”方法，就更加“天真”了。然而，虽然爱因斯坦的想法过于“天真”，但他的反战的呼声还是引起了人们的广泛关注。

大部分人都不理解爱因斯坦的反战思想，但仍有少数一些人是支持爱因斯坦的，比如法国的人道主义者罗曼·罗兰。爱因斯坦在很早以前就和罗曼·罗兰保持着书信往来。

1915年秋天，爱因斯坦非常想念妻子米列娃和孩子们，就来到了瑞士。在瑞士期间，他在朋友的陪同下，亲自拜访了罗曼·罗兰。与罗曼·罗兰的交谈给爱因斯坦带来了巨大的鼓舞和勇气。他觉得自己不再是独自的战斗了，而是抵抗沙文主义暴行的国际友好团体的一名战士了。

成长加油站

只有在和平的环境下，人们才能够安稳地生活、安心学习、正常工作，所以和平对于我们人类而言是弥足珍贵的。在战争年代，爱因斯坦不得不为了争取世界和平而呼吁、战斗，如果在和平年代，他本可以安心从事研究工作，这样，他或许会取得更加辉煌的成绩。因此，我们今天一定要好好珍惜这种来之不易的和平，抓紧时间学习，增长自己的知识，成长为一个对社会有用的人，为维护世界和平做出应有的贡献。

延伸思考

1.爱因斯坦为什么没有在《告文明世界书》上面签字？

2.爱因斯坦为了维护人类和平做出了哪些努力？

名人名言

我不知道第三次世界大战会用哪些武器，但第四次世界大战中人们肯定用的是木棍和石块。

——爱因斯坦

这个世界不会被那些作恶多端的人毁灭，而是冷眼旁观、选择保持缄默的人。

——爱因斯坦

第二十一章　迟来的名誉及其带来的苦恼

爱因斯坦因为在物理学领域的巨大成就，得到了皇家科学院一些有良知的官员的保护，所以，他并没有在军政府的追杀中受到大的伤害。后来，皇家科学院又安排他到南美洲的阿根廷去讲学3个月，让他能够躲避战争的迫害。

在阿根廷，爱因斯坦受到了当地人的热情接待。可是，面对如此良好的讲学条件，爱因斯坦并没有心情去享受，他把讲学之外的所有时间几乎都用在了课题研究上。

讲学结束后，爱因斯坦从阿根廷又回到了德国。可国内的形势仍然十分严峻，头顶上不时传来飞机聒噪的声音，各种战争报道满天飞，这样的环境总让人觉得心里慌慌的。于是，爱因斯坦紧闭大门，躲在书房里，埋头搞研究。经过无数次的失败后，他终于完成了相对论的论文《广义相对论基础》。在这篇论文中，爱因斯坦运用大量的实际事例，对水星近日点的一系列活动和人类曾经观察到的数据完全一致这一现象做出了科学的解释。而且，他还进一

瑞典皇家科学院主楼

阿尔伯特·爱因斯坦在1921年获得诺贝尔物理学奖时的官方照片

步指出，经过计算，星球发出的光芒到达地球后，光曲折的角度是1.74秒。紧接着，他又提出了宇宙空间有限无界的假说。同年8月，他完成了论文《关于辐射的量子理论》。在这篇论文中，爱因斯坦第一次提出了“受激辐射理论”的概念。9月，他在论文《关于引力波》中对引力波进行了深入探讨。11月，他又完成了论文《狭义和广义相对论浅说》。第二年2月，他着手写关于宇宙学的论文……

在繁重的工作中，爱因斯坦病倒了。医生检查的结果是，爱因斯坦得了黄疸性肝炎、胃溃疡和精神虚弱症。医院要求爱因斯坦立即到医院接受治疗。可是，爱因斯坦不愿意来医院，因为他不能中断自己的论文。所以，他恳求医生同意他在家治疗。在爱因斯坦的苦苦求告下，医生答应了。

于是，爱因斯坦就在家一边接受治疗，一边继续完成他的论文。在此期间，他的表姐爱尔莎一直住在他的隔壁，无微不至地照顾着他。当爱因斯坦需要的时候，只要他按一下床头茶几上的一个按铃，爱尔莎就会立刻出现在他跟前。也正是因为有爱尔莎的照顾，爱因斯坦才能够安心进行研究，完成论文。

1918年11月，在世界各国人民的顽强抵抗下，第一次世界大战以德意志帝国主义的失败而告终。这时，人们才发现，原来爱因斯坦已经在战争期间完成了广义相对论的全部论述，建立了一个系统的相对论理论。

战后，爱因斯坦又发表了自己的第二篇关于引力波的论文，公开了相对论的四级公式。在这篇论文中，爱因斯坦向全人类宣称："如果有人怀疑我的理论，我希望他在日食的时候去观察天体，便可以发现太阳周围的星体已经改变了自己的位置。"其实，这一言论爱因斯坦早在战争爆发之前就已经提出来了。对于这一言论，英国皇家天文学会给予了高度重视，它与皇家学会联合成立了天文观测筹备会，准备对宇宙天体的运动进行观察。可是，正当学者们在为此而积极准备的时候，爱因斯坦返回苏黎世去了。母校瑞士苏黎世联邦工业大学邀请爱因斯坦前去讲学，而爱因斯坦的妻子和儿子也都在苏黎世，于是爱因斯坦很快就答应了。

这是爱因斯坦离开苏黎世4年之后，第一次回来。当爱因斯坦见到妻子米列娃的时候，他感觉他们之间仿佛竖起了一道厚厚的无形的墙，他完全没有从妻子脸上看出因自己回来而高兴的神色，而爱因斯坦也没有感受到回家的喜悦。于是，在讲学快要结束的时候，爱因斯坦与妻子离婚了。1919年6月，爱因斯坦选择与表姐爱尔莎结婚。

1921年，阿尔伯特·爱因斯坦在维也纳演讲

1922年，由于爱因斯坦在物理学领域做出了巨大的贡献，所以诺贝尔奖委员会将1921年的诺贝尔物理学奖颁发给了他。其实，早在1909年10月的时候，德国物理学家奥斯特瓦尔德考虑到爱因斯坦提出了狭义相对论，就已经向诺贝尔奖委员会推荐爱因斯坦为1910年的诺贝尔物理学奖候选人了，但是没有

通过。后来，在1912年和1913年，奥斯特瓦尔德又向委员会提名爱因斯坦，可是依然没有通过。

在1912年，德国的物理学家普林斯海姆也推荐爱因斯坦成为诺贝尔奖候选人。但是，他的提议和推荐也没有被通过。因为在当时，爱因斯坦的相对论还很难被大部分人所理解和接受。

到了1921年，很多著名的科学家都向诺贝尔奖委员会推荐爱因斯坦，有普朗克、爱丁顿、赖曼等。1922年，更多的著名科学家写信到委员会，要求提名爱因斯坦为诺贝尔奖候选人。他们认为，爱因斯坦的声望已经比诺贝尔奖还要高，如果爱因斯坦得不到诺贝尔奖，那么其他科学家就更没有资格得奖。

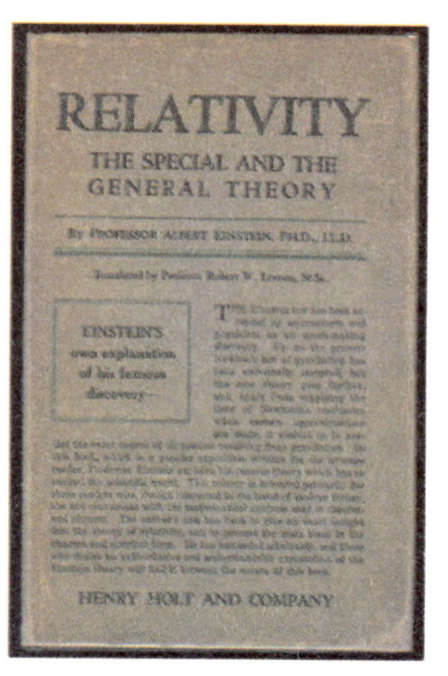

1920年，报纸上刊登的爱因斯坦相对论的英文原版

在这种发展趋势下，爱因斯坦终于在1922年得到了1921年的诺贝尔奖。

这样的成就给爱因斯坦带来了声誉和地位，同时也给他带来了烦恼。从此以后，爱因斯坦就成了人们争相一睹真容的“偶像”。记者们纷纷涌到哈勃兰特街5号的门前，恳请对爱因斯坦采访、拍照、谈话……爱因斯坦已经被这种夸大的渲染和廉价的追捧弄得心烦意乱，以至于他一听说有人找他，就赶紧往屋子里面躲。而更令他头疼的是邮递员。他曾说：“最凶恶的敌人是邮递员，我已摆脱不了他的奴役了！”

每天早晨，来自世界各地的信件就会像雪花一样随着早

班邮件一起飘到他家里。爱尔莎每天都要把信件进行筛选和分类，对于其中一些信件，爱尔莎就自己回复了，还有一些不回复，剩下的才交到爱因斯坦手中。

这些信件中有向爱因斯坦讨要照片和签名的。对于这些信件，爱因斯坦后来想到了一个好办法。他请慈善机构来帮助他回复这些信件，对于那些捐了钱的，就邮寄回一张爱因斯坦的照片或是签名。

有想和爱因斯坦探讨科学问题的，比如如何证明宇宙是有限的、空间为什么会发生弯曲、时间怎么可以拉长缩短……对于这些信件，爱因斯坦都会亲自回复，实在忙不过来的时候，也会请爱尔莎的大女儿来帮忙。

还有一些是向爱因斯坦寻求帮助的。有一个青年没有考上大学，想请爱因斯坦替他在教育部说情；一个青年发明家的发明得不到重视，想请爱因斯坦在科学院帮忙打点一下关系；一位年轻女性想成为一个“天文观察者”，于是请爱因斯坦帮忙引荐；一家雪茄烟厂厂主告诉爱因斯坦，他已经将自己厂生产的一种新型雪茄命名为“相对论”……爱因斯坦则会尽可能地用自己的经历和经验给年轻人提供指导和帮助。

每天，爱因斯坦都要花费大量的时间来处理这些信件，这让爱因斯坦感到非常痛苦和疲惫。对此，爱因斯坦曾苦恼地说：“我一直没有学会说‘不’。但现在，报界文章和信件不停地涌到我的家里，导致我每晚都梦见自己在地狱里被火焚烧。邮递员变成了魔鬼，朝我吼叫着并把成捆的新信件砸到我的身上，就因为我没有回复过去的信件。”

爱因斯坦不仅要处理大量的信件，还要应付找上门来的各种各样的“客人”。摄影家、画家、雕塑家，各种行业的艺术家都来拜访他。他们的目的无非就是想让爱因斯坦帮助

自己的作品变得更加丰富，或者借助爱因斯坦的名气来使自己出名。这时候，爱尔莎又站出来，优雅地帮爱因斯坦打发他们。但是，有的客人无论爱尔莎如何回绝，都不肯离去，非得见到爱因斯坦不可，这种情况下，爱因斯坦也只好亲自来到客厅，和客人寒暄一番了。

成长加油站

成功必定会伴随着美好的声誉。但是我们一定要谨记：成功只是对我们完成自己的目标的一种表示，其所带来的名誉和追捧则不必放在心上。如果我们过分看重这些，那么我们就会变得越来越骄傲，无法再专心沉浸到学习和工作中去了。当我们取得某阶段的胜利后，一定要重新设定一个新的目标，继续努力，这样我们才能够避免堕落，不断前进。

延伸思考

1.在纷乱的战争中，爱因斯坦依然能够继续进行物理学研究并取得巨大成果，从这当中可以看出他的什么性格特点？

2.成名给爱因斯坦带来了哪些苦恼？

第二十二章　被迫流亡

虽然第一次世界大战结束了，但是德国并没有迎来稳定发展。进入20世纪20年代后，德国依然处于动荡不安之中。

由于德国工人阶级和小资产阶级力量比较弱小，也不够成熟，而且小资产阶级在与大资产阶级斗争的过程中，总是摇摆不定，于是，民众就被各种别有用心的政党煽动，激发了对第一次世界大战的复仇情绪。在当时经济发展混乱，失业、物价上涨等困扰人们的时候，德国内部出现了一股好战力量，它的领导人就是希特勒。他先后写了《我的奋斗》《民族振兴之道》等宣传册，高呼"用刀剑的力量创造民族振兴的前提"，并宣称要为德意志寻求新的"生存空间"。

被希特勒及其所带领的国家社会主义党所蒙蔽的德意志人民开始疯狂地反对民族和科学活动，并且对犹太人也展开了残酷的迫害。而赫赫有名的犹太物理学家爱因斯坦就成了他们最为重要的攻击对象。物理学家勒纳德就是攻击爱因斯坦的队伍中的积极分子。他在一篇文章中曾经这样写道："爱因斯坦及他研究的各种理论、他东拼西凑形成的看似新颖实则陈旧的数学废话，恰好说明了犹太人集团在自然界研究领域造成的危险

影响。现在，他的理论被彻底粉碎了！”他在全国各地一遍遍重复着这样的言论，却始终无法证明自己的言论。

纳粹党在大街小巷贴满了通缉令，想要尽快抓住爱因斯坦。爱因斯坦知道后，在家里幽默地自我调侃道：“我还不知道我的脑袋这么值钱呢。”

爱因斯坦如此不在乎，让妻子爱尔莎非常担心。但是，爱因斯坦并不像他的妻子看到的那样不在乎，他已经预感到，一场非常恐怖的阴谋正慢慢在德国蔓延开，而且自己如果不赶快离开的话，很快就会陷入进去。

一天，爱因斯坦望着自己位于哈维尔湖边的房子，默默出神。这所房子是爱因斯坦和妻子爱尔莎亲自盖成的，房屋前后还建了一个小花园。房子周围都是浓密的绿荫，不远处，还有一个蔚蓝的湖泊。爱因斯坦非常喜欢这个小家，可是很快他们就不得不离开了。妻子爱尔莎看到爱因斯坦站在房子前面呆呆地出神，就走过来，问：“你在看什么？”

爱因斯坦没有看妻子，他依然盯着房子说：“爱尔莎，你也看看这所房子吧，我们在这里刚过了几年安定的日子，很快我们就要离开了。在离开之前，我们再好好看看它吧。”

没过多久，爱因斯坦的一个做高官的朋友就给他传信说，让他赶紧离开德国，因为德国法西斯分子已经制定了一个杀害他的计划。于是，爱因斯坦离开了德国。

爱因斯坦为躲避纳粹追杀，逃到国外，过起了“流浪”的日子。1933年夏天，爱因斯坦来到比利时，在这里度过了

一段时光后，9月初，在比利时警察局的掩护下，爱因斯坦又到了英国。在这里，爱因斯坦住在一所小木屋里面，屋子周围有重兵把守。即使在这种颠沛流离的日子中，爱因斯坦也始终没有放弃他的和平信仰。

居住在比利时的时候，爱因斯坦收到一封德国青年写给他的信。这个青年告诉爱因斯坦，有两个比利时青年因为拒绝服兵役而被逮捕了，请爱因斯坦能够出面与比利时政府疏通一下，将那两个青年释放出来。

爱因斯坦看完信后，沉默了，因为他不知该如何回信。在人们看来，他是著名的和平主义者，而且那两个青年也是听信了自己的言论才被捕的。可是，在法西斯的战争叫嚣下，有谁能够不受影响，完美自保呢？还没等爱因斯坦想好如何回复这封信，下一封信又来了。这封信没有留下任何地址，内容也非常简短：亲爱的教授，有一件急事，第二小提琴手的丈夫想和您谈谈。而这位自称第二小提琴手的就是比利时王后伊丽莎白。她曾是巴伐利亚的公主，与爱因斯坦算是同乡。

爱因斯坦和伊丽莎白王后一直保持着良好的友谊，他每次来到比利时，都会去拜访王后。由于他们两个人都非常喜爱音乐，在小提琴方面有很深的造诣，所以他们聊天的

比利时首都布鲁塞尔

内容大多是小提琴和音乐。可是，这一次，王后邀请爱因斯坦并不是为了谈论音乐，而是要谈论国家大事。其实，伊丽莎白王后完全不用担心爱因斯坦会被纳粹党蛊惑，为了维护已被纳粹掌控的德国而忘记了和平与正义，因为他看到柏林大街上的鲜血、集中营中的苦难，已经深刻地认识到了战争的残酷以及纳粹党的残暴。他已经对于法西斯统治下的德国没有袒护之心，所以任何想要以武力来抵制纳粹德国的侵犯的行为，他都不会有什么异议，甚至会举双手赞成。于是，在1933年7月14日，爱因斯坦给比利时国王写了一封回信。在信中，他说明了自己对于和平主义看法的转变，并借着这次机会，表明了自己对那两个比利时青年拒绝服兵役的态度。

爱因斯坦已经不再像以前一样幻想着用和平手段来使人们放弃暴力和战争了，他勇敢站出来，大声宣称：只要不消灭法西斯主义，德国和世界就不可能恢复和平。所以，只有拿起武器，和法西斯战斗到底，才能够有机会宣扬和平。

爱因斯坦对于和平主义的看法发生改变，还有一个重要的原因。这个原因就是爱因斯坦在希特勒刚执掌德国政权的时候就意识到一场新的战争已不可避免了。作为一个物理学家，对于政治竟然有如此敏锐的观察和感知，恐怕连很多政治家都无法与之相比。

爱因斯坦已经从一个和平主义者完全转变成了一个反纳粹战士，但是无论身份如何转变，方式如何变化，爱因斯坦的信念始终没有发生变化，他从始至终都在宣扬建立在崇高

道德基础上的人类责任感和正义感。

成长加油站

战争对于人类社会造成的危害是非常巨大的，它摧毁人类的家园，造成人们家破人亡，给人们的精神世界带来了无法抹去的伤痛。更重要的是，战争阻碍了社会的正常发展速度。所以，我们一定要认识到和平的意义，抵制战争，尽量与世界各个国家、各个种族的人们友好相处，做一个和平主义者。

延伸思考

1.爱因斯坦在受到战争的死亡威胁的时候，还依然能够幽默调侃，表现了他怎样的性格特点？

2.爱因斯坦对于和平主义的看法为什么会发生改变？

名人名言

武力不能维持和平，只有相互理解才可以。

——爱因斯坦

自然科学家面对现实社会中的任何错误、不合理以至罪恶，一定要挺身而出，否则，无异于帮凶。

——爱因斯坦

第二十三章　和平卫士

此时，正在美国讲学的爱因斯坦并没有忘记自己的祖国，他时刻密切关注着德国发生的一切。可是，麻烦很快又降临到了他的头上。

一天，爱因斯坦和爱尔莎受邀来到了德国驻纽约总领事馆。在办公室里，总领事先生严肃地对爱因斯坦说："爱因斯坦先生，最近您对《纽约世界电讯报》发表了一篇谈话，这篇谈话引起了柏林的震动，对此您怎么看呢？"

爱因斯坦听了总领事的话，立刻就明白了这次被邀请来领事馆的目的，于是他痛心地说："一个人如果承受了太大的精神压力，就会得精神病，同样，一个社会组织如果出现了问题却得不到及时解决，那它也会生病。我希望，不久以后，德国会恢复到以前比较健康的气氛。我也希望一切伟大的德国人，像康德和歌德等，在将来都能够被人们纪念，受到人们的尊重。"

总领事脸上的神色变得更加严肃了，他一字一句地提醒爱因斯坦说："您说到了德国。"

爱因斯坦点点头，算是回应了总领事的问话，然后继续说道："在现在的德国，公民自由、宽容、平等都是不存在

的。那些曾为了推动建立国际友好关系而努力的人们，现在正遭受着法西斯的迫害。”

总领事听到爱因斯坦义愤填膺的话语，机械地重复着连他自己都不会相信的话：“现在德国是国家社会主义党在执政，新政府是主持正义的，爱因斯坦先生在德国会非常安全，不会有任何危险与麻烦发生到您的身上。”

爱因斯坦不易察觉地冷笑了一下，郑重地表明了自己的态度：“我不想再回到德国。”

爱因斯坦话音刚落，一直坐在旁边的领事馆秘书就立刻站起来，出去了。他或许是急着想把爱因斯坦的话语和态度报告给远在柏林的领导组织。门一关上，总领事立马像换了一个人一样。他走到爱因斯坦身旁，真诚而焦急地说：“爱因斯坦先生，现在，我谨代表我个人，我觉得您的决定是正确的。您千万不要回德国，那里现在已经完全陷入了纳粹党的疯狂之中，什么事情都有可能做得出来。”然后，总领事又拿出几份报纸，指着上面说：“您看，德国的报纸上把您叫作犹太阴谋家、共产党阴谋家。”

爱因斯坦听到“阴谋家”几个字，突然站起来说：“我从来不是阴谋家。但不可否认的是，我是犹太人，而且我坚决反对法西斯。”

总领事看到爱因斯坦如此激动，正想要说些什么，这时领事馆秘书推门进来了。于是，总领事又变回了刚才冷漠严肃的表情，他什么话都不再说，只是按照礼节把爱因斯坦夫妇送出了领事馆。

爱因斯坦从领事馆回来的路上，一直在思考着一个问题：自己究竟要为自己所信仰的和平主义做些什么呢？思来想去，爱因斯坦终于得到了答案——不能消极等待，应该勇敢站出来，为和平而战斗。可是，他的这一决定遭到了朋友们的反对。他们好心地提醒爱因斯坦，告诉他德国的报纸已经满篇都在通缉他，并扬言要杀死他。爱因斯坦却坚定地说："任何伟大的事业，一开始都只被少数勇敢的人信奉。一个人可以为他信奉的事业牺牲，总比被自己不信奉的东西折磨致死要强得多。"

其实，爱因斯坦维护和平和正义的信念始终没有动摇过。早在1931年，日本对中国发动"九一八事变"的时候，爱因斯坦就表达了自己强烈的愤慨，并亲自找到一位美国的外交家质问道："为什么不对日本实施经济制裁，迫使它停止对中国的武装侵略？"

而那位一直宣称自己站在正义一方的外交家却回答说："这关系到我们的商业利益！"

后来，爱因斯坦又给世界反战大会写了一封信。在信中，他写道："当日本向中国发动侵略战争的时候，文明世界却没有力量去阻止。对那些资本家们而言，获得利益比各国人民对正义的呼求更加有推动力。现在，我们应该将所有热爱和平的人都团结起来，一起抵制暴力和敛财行为，为维护和平做出不懈努力。"

爱因斯坦的这封信受到了世界反战大会的重视。大会的2300个代表都表示赞同爱因斯坦提出的意见。在这次会议

上，爱因斯坦还被选举为世界保卫和平委员会常务委员，同时当选的还有高尔基、罗曼·罗兰、克拉拉·蔡特金、德莱塞，而宋庆龄女士则两次当选为大会的名誉主席。

所以说，爱因斯坦不仅是一个伟大的物理学家，还是一个和平卫士。他也因此更加受到人们的尊敬。可是，在德国，爱因斯坦就没有这么好的待遇了。

一天，纳粹党冲进了爱因斯坦在德国的家中，说是要搜查武器。之前，他们已经将爱因斯坦在银行的所有存款全部没收了，说是充当活动经费。纳粹党在爱因斯坦的屋子里、花园里疯狂地搜查着。他们把屋子里所有的家具都掀翻了，还找来铁锹，在花园的草地上不停地东挖西挖，最后什么都没有发现。

乌尔姆

在搜查之前，爱因斯坦的女儿玛尔戈已经将父亲的所有手稿、书籍和资料都转移到了法国大使馆，然后悄悄逃走了。纳粹党当然什么都搜查不到。于是，气急败坏的纳粹党最后宣布没收爱因斯坦的别墅，并向全国布告说，只要有人能够取下爱因斯坦的人头，他将会得到政府赏赐的2万马克。

在爱因斯坦的故乡乌尔姆小镇，法西斯也没有对爱因斯坦表现出一丝仁慈。他们砸烂了“爱因斯坦街”的路牌，这是人们为了庆祝爱因斯坦获得诺贝尔奖而特地命名的。

可是，这一切都没有吓倒爱因斯坦，他仍坚定地为维护和平和正义而默默地付出着努力。而他的言行也深深地影响着一切爱好和平的人。

成长加油站

做一个正直、真诚的人，这样我们在生活和学习中，才能够不被邪佞、不好的事情吸引，做出错误的决定。爱因斯坦在严峻的战争形势下，依然不向邪恶的法西斯势力低头，坚持自己心中的正义和和平信念，这也是他在复杂的情况下依然能够选择支持中国的重要的原因。我们在生活和学习中，也应该做一个正直的孩子，坚决抵制不好的行为，不与言行不良的同学同流合污。

延伸思考

1.爱因斯坦在领事馆里毫不避讳地讲出自己对于纳粹德国的看法，这反映出他是一个怎样的人？

2.爱因斯坦对于日本侵略中国的行为是什么样的态度？这说明他是一个怎样的人？

第二十四章　随和的物理学家

爱因斯坦在为反对战争、维护和平而战斗的同时，也没有忘记他的本职工作——进行物理学研究。

1932年，爱因斯坦当时正在美国加利福尼亚州的帕萨迪纳讲学。在这期间，他与美国著名的教育家和学校改革家弗莱克斯纳见面了。原来，弗莱克斯纳想要建立一个新的科学研究所——普林斯顿高等研究院。他想要请世界上最有名的科学家们加入进来，抛开教学行政和日常琐事的烦扰，专心在研究所里面研究人类最高级、最普遍的问题。有人向弗莱克斯纳推荐了爱因斯坦。可是，弗莱克斯纳对于能否请来爱因斯坦，心里是没有底的，因为爱因斯坦那时已经是物理学界的泰斗了，而自己的研究院才刚刚成立，各项制度还不是很完备。但是，弗莱克斯纳又转念一想，如果真的能够把爱因斯坦请过来，那其他的科学家不就会慕名而来了吗？于是，他带着不安的心理，来到了加利福尼亚州的帕萨迪纳。

弗莱克斯纳见到爱因斯坦后，向他详细讲述了研究院的宗旨和计划，并表达了自己想请爱因斯坦加入的强烈愿望。爱因斯坦听后，非常感兴趣，但提出了一个条件，就是他每年都要

回柏林待一段时间。所以，这件事当时没有确定下来。

没过多久，在牛津大学，弗莱克斯纳和爱因斯坦又见面了，他又一次诚恳邀请爱因斯坦来普林斯顿高等研究院。这时，法西斯主义已经彻底覆盖了德国，希特勒掌握了德国的国家政权，这意味着爱因斯坦回德国的机会已经彻底被毁了。而这时，美国在罗斯福“新政”下，呈现出一派勃勃生机的景象。所以，爱因斯坦去普林斯顿工作的意愿也变得强烈了。1933年后，爱因斯坦主动断绝了与柏林的联系，答应到普林斯顿研究院工作。

弗莱克斯纳对于爱因斯坦的到来非常兴奋，他不住地问爱因斯坦有什么要求。爱因斯坦面对热情的弗莱克斯纳，只提出了两个要求，一个是他要带自己的助手迈耶尔一起去，并且研究院要给迈耶尔一个正式的职位，还有一个就是他每年只需要3000美元的工资。

美国新泽西州普林斯顿高等研究院爱因斯坦办公室

爱因斯坦之所以提出第二个要求，是因为他觉得物理学研究是自己的兴趣与爱好，不算是工作。别人提供优越的条件，让自己能够安心搞研究，自己怎么能够要钱呢。所以，他提出每年3000美元的薪资已经很不好意思了，怎么会再要求研究院给自己更多的工资呢。

而且，爱因斯坦由于在刚毕业那几年的工作经历，已经形成了一个奇怪的习惯，就是不管他多忙，仍想要做一些与研究活动无关的事情，以此来获得生活的费用。

爱因斯坦做出到普林斯顿研究院工作的决定以后，1933年10月，就搭乘一艘从英国开去美国的轮船出发了。同行的还有自己的妻子艾尔莎、助手迈耶尔博士和秘书艾伦·杜卡斯。爱因斯坦当时无论如何也想不到，自己这次离开欧洲，竟然再也没有回来。

爱因斯坦来到普林斯顿后，立即就被这里优美、宁静的环境吸引了。在这里，爱因斯坦生活得非常随意，或许到此刻，他才找到了适合自己的生活方式。

他在比利时伊丽莎白王后题赠的诗歌背面做计算；在发票背面写要在授奖仪式上宣读的致答词；在朋友家做客的时候，灵感突然来了，他就在主人家的新桌布上写下一个个公式；他外出迷路的时候给研究院打电话问回家的路；他把1500美元的支票当书签用；别人给他1000美元请他演讲一分钟，他竟然说他不要钱；他对待勤杂工就像是对待教授一样尊敬……总之，爱因斯坦再也不必遵循欧洲那一套繁杂的礼仪，也不必忍受欧洲人的呆板。在普林斯顿，他感受到了自由的快乐，享受到了作为一个普通人的生活的乐趣。

普林斯顿人都以和爱因斯坦居住在同一座城市而感到骄傲。这里的大学生们编了一首关于爱因斯坦的歌。不仅如此，爱因斯坦的很多事迹也在普林斯顿人中间广泛传颂着。有一个故事是这样的：

有一个小女孩放学后总会跑到爱因斯坦家里去玩。小女孩的妈妈知道后，狠狠训斥了她一顿，对她说：“你怎么能浪费爱因斯坦的宝贵时间呢？”之后，这位母亲还带着小女孩亲自到爱因斯坦家里去道歉。爱因斯坦笑着对孩子的妈妈说：“您不用道歉。她每次来都会带美味的甜饼给我吃，给我带来新鲜有趣的消息，我从她那里能学到很多东西呢！所以，我还要谢谢她呢。”

还有一个故事：

一天，一群大学生找到爱因斯坦，问：“请问，什么叫相对论？”

爱因斯坦没有给他们讲什么枯燥深奥的理论，他举了一个例子：“当你和一个漂亮的姑娘紧挨着坐的时候，尽管你已经坐了两个小时了，但你觉得只过了一分钟；如果你紧挨着一个火炉坐着，即使你只坐了一分钟，也会觉得像过了两个小时一样。这就是相对论。”

爱因斯坦为人诚恳却又十分幽默，所以人们与他相处的时候，感觉就像是与一个睿智的长辈相处一样，而不会感觉到他是一位伟大的物理学家。在普林斯顿，没有人不认识爱因斯坦，人们都用贪婪的好奇的眼光看着他，仿佛想要从他身上看出点什么。

一天，爱因斯坦和朋友正在一条街道上走着，突然有一辆小汽车在他们前面停下了，不一会儿，一个中年妇女从汽车里钻了出来，红着脸，请求爱因斯坦说：“教授先生，请允许我给您拍一张照片可以吗？”

爱因斯坦微笑着说："请吧。"

爱因斯坦坦然地站在那里，任由别人拍照，嘴里还在继续刚才的话题。但过不了几秒钟，他就会忘记这件事情的。

爱因斯坦在美国的生活是这样轻松、愉快，所以他自来到美国后，就很少到别的国家去了。只在1935年的5月，爱因斯坦到百慕大做了一次短期旅行。

成长加油站

功利心会让我们在名声和利益面前迷失自己，忘记自己最初的理想和追求，所以我们在生活和学习中，一定要时刻提醒自己千万不要过度追求名利，利欲熏心。爱因斯坦在受邀到普林斯顿研究院工作的时候，并没有想借此机会大赚一笔钱。从他身上，我们可以看出一个伟大的学者所具有的良好的个人修养。所以，我们从小也要培养自己淡然面对名利的一种淡泊的心性。

延伸思考

1.爱因斯坦最后为什么答应到普林斯顿高等研究院工作？

2.爱因斯坦为什么会受到普林斯顿百姓的普遍喜爱和尊敬？

第二十五章　时刻关注社会问题

爱因斯坦来到美国以后，既感受到了美国人民的热情、善良以及富于探索和钻研的精神，看到了美国高度发达的科技，同时，他也对美国严重的贫富差异和种族歧视有了深度的认识。他在为美国自由、积极的发展环境而欣喜的同时，也为美国存在的严重问题而感到深深的忧虑。而他对于这一点，从来都不避讳，只要有机会，他就会公开表达出来。

1938年，罗斯福总统想要召开一次规模空前的世界博览会，让全世界的人民都来参观美国在新政实施以来所取得的成就。在修建举办这次世界博览会需要用到的场馆的时候，有人提议说，修建一个钢铁制成的容器，这个容器要能够经受得住高温、高压和腐蚀。在这个容器里面，放入一些反映这个时代的生活的文件，留给几千年以后的子孙，让他们了解这个时代。这个建议刚提出不久，就得到了广泛而热烈的响应。

现在就要找能写这些文件的人了。谁才有资格给几千年以后的人写信呢？当然是最有威望、影响力最大的人。罗斯福总统首先想到的人选就是爱因斯坦。于是，罗斯福总统就亲自给爱因斯坦打电话，请他写一份文件，文件内容不需要

多复杂，也不要求很长，只要能够把这个时代的真实的思想感情表达出来就可以了。

为了写这封信，爱因斯坦思考了很长时间。最后，他决定要写就写真话，绝不阿谀奉承、粉饰太平！不管现在的人看到会如何想，只要让几千年以后的人了解现在的真实情况就可以了。

爱因斯坦的正直与坦诚，真是人类中少有的啊。他的不畏权势，敢于讲真话真的不是任何人都能够做到的。下面这件事更加说明了这一点。

1939年春天，马德里沦陷，西班牙共和国在反动势力的内外夹击下灭亡了。当爱因斯坦听到这个消息的时候，他正在参加一个物理学研讨会。于是，研讨会中断，会上的所有教授和学生都情绪激烈地讨论起这件事情。爱因斯坦则小声说了一句：“这是一个结束。”

旁边的一个学生听到后，问爱因斯坦：“教授，什么结束？”

爱因斯坦盯着那个学生看了一会儿，说：“凡尔赛和约所开始的那个时代结束了。”是的，第一次世界大战以后人类世界得到的短暂的和平就要结束了。

学生都安静下来，听爱因斯坦继续说：“以后会怎么样呢？法西斯会在欧洲取得胜利吗？这也是有可能的。但是，再以后呢……”屋子里静悄悄的，只有爱因斯坦在不停地说着。

爱因斯坦环顾了一圈，继续说：“这难道不是个悲剧吗？当其他地方处在纷乱的战争中的时候，我们却在这里讨论着电子……我感到害怕，我为人类害怕！”

一个学生听到高这里，站起来大声纠正道："可是，世界上还有一种力量，在向着好的方向发展。"

爱因斯坦把头转向这位学生，沉思了一会儿后，说："我知道你要说什么。不错，这是唯一的方向。"

同时，爱因斯坦也关注着美国的种族歧视问题，他明确表示反对把黑人叫作"劣等民族"，并号召人们团结起来与种族歧视做斗争。

成长加油站

爱因斯坦来到美国后，远离了战争的纷扰，有一份稳定的工作，拿着丰厚的收入，原本可以过上安稳、闲适的生活，可他依然时刻关注着社会问题，为社会发展而忧虑。我们也应该学习爱因斯坦，在学习和生活中，即使已经度过了困难时期，也依然要为自己所坚持的事业不断努力、奋斗。

1.爱因斯坦不阿谀奉承，敢于说真话，反映了他是一个怎样的人？

第二十六章　为了和平

1939年8月2日，希特勒要研制原子弹的消息传到了爱因斯坦这里。爱因斯坦被这个消息震惊得很长时间都说不出话来。过了好久，他想到一个能够改变这种发展趋势的办法——让美国在希特勒之前研制出原子弹。于是，他就给罗斯福总统写了一封信，为他提供了一些研制原子弹的信息。

爱因斯坦的希望是好的，但是要想让当权者将巨额资金投放到一项不知道结果会如何的工程上，并不是一件容易的事情。过了十个星期之后，这封信才被送到罗斯福总统手中。这时，第二次世界大战已经在欧洲爆发了。

罗斯福总统看了这封信后，立即将自己的随员沃特逊将军叫来，指着信件说："马上对此事采取行动！"爱因斯坦或许已经知道，自己的这封信对于以后世界局势的发展起到了怎样重要的作用。

1945年夏天，爱因斯坦正在纽约州萨兰那克湖畔的一座别墅里度暑假。一天，爱因斯坦从楼上下来，要吃一点茶点。在客厅里，他的秘书杜卡斯正一脸郁闷地等着他。可是，爱因斯坦完全没有注意到，他径直走到桌前，吃起了茶点。

“今天早晨，一架B29轰炸机在日本广岛投下了原子弹。这是我刚从无线电广播里听到的。”杜卡斯对爱因斯坦沉闷地说道。

爱因斯坦刚刚拿起早点送到嘴边，还没来得及放进嘴里，手就僵住了。准确地说，他整个人都僵住了。爱因斯坦直直地坐在沙发上，就像一座雕像一样。他坐在那里一动不动，可他的思想却乱成了一团。

两天后，美军又在日本长崎投下了第二颗原子弹。各家报纸争相对这件事进行报道：“广岛已成焦土！”“长崎将成死城！”

而爱因斯坦从此也多了一个称号——“原子弹之父”。因为他研究推论出来的能量守恒公式$E=mc^2$为原子弹的研制奠定了理论基础，而他给罗斯福写的那封信则促使美国政府研制出原子弹。爱因斯坦最初只想到能够通过美国政府的力量来牵制希特勒及法西斯政权，万万没有想到自己的这一举动竟然给广岛和长崎造成了这样大的伤害。爱因斯坦为此感到非常痛苦。他在与记者安东尼娜·瓦朗坦的一次谈话中就聊到了这件事情。

爱因斯坦的故乡伯尔尼

爱因斯坦盯着安东尼娜，痛苦地说道："实际上，我起了一个邮箱的作用。"

安东尼娜说："然而是您按了按钮。"

这句话就像一只强有力的大手一样，揭开了让爱因斯坦感到痛苦的事实真相。爱因斯坦转过头，望着窗外荒凉的山谷和一片被古老的树林遮住的绿色草坪，然后一字一字地说道："没错，我按了按钮……"

爱因斯坦当初的决定后来成为了爱因斯坦长期以来最痛苦、最苦恼的事情。广岛和长崎的悲剧只是反映爱因斯坦痛苦的一个最显著的事件而已。其实，爱因斯坦太过于强调自己对广岛和长崎悲剧应负的责任了。他总是对世界上存在的一切罪恶都具有一种个人的责任感，所以，他对于人类非理性和破坏性利用理性成果造成的悲剧都能产生深刻的内疚。

在战争年代，理性成果很可能会被错误地运用，而且任何科学思想和发现都可能会被一些丧失理性的人当作杀人的武器。爱因斯坦一直不肯承认自己是相对论的创立者，并且也始终强调，原子能本身并不会威胁人类，错误地利用自然力才会威胁人类。原子核链式反应就像火柴一样，不是必然会导致人类毁灭的，但是如果错误利用的话，它就会给人来带来灾难。所以，当务之急，应该是健全社会理性，防止人们将科学发现应用于战争之中。爱因斯坦也坚定地相信，早晚有一天，科学发现的利用问题会得到解决，到那时，社会理性基础已经建立起来，新的自然力也会被用来为人类创造更大的利益。

可是，爱因斯坦的这种信心并没有阻止悲剧的发生，更不能消除他对原子弹未来还有可能在世界的某个地方爆炸的担忧。爱因斯坦并没有因为这种信心而卸下对利用科学研究的方式所背负的道德责任感。

1946年5月，爱因斯坦与来自苏联的犹太作家爱伦堡也谈过原子弹的悲剧。爱因斯坦认为，比已经发生的悲剧更可怕的是，美国大部分人都没有把广岛和长崎的毁灭与人类社会几千年流传下来的道德思想和文化联系起来。在他看来，忘记这件事情才是对人类文明的最大威胁。这并不是爱因斯坦从一个俯视角度，对普通人民做出的教科书式的教导，而是他在深切地经历和感受到科学被应用于军事侵略之后的肺腑之言。

爱因斯坦认为，真正存在问题的不是一系列的核研究，而是整个科学。科学已经对非理性势力产生了严重的依赖性，这从美国原子能机构的活动中就可以看出来。无论是军事部门、工业集团以及依赖于它的大企业和研究所，它们的各种会议记录中都隐藏着一个非理性的恶魔。这个恶魔虽然不会阻止科学的发展，但却会让科学的研究被错误地应用。

爱因斯坦用他严密的思维推理能力，已经完全预感到将来整个科学将越来越与无私地为真理服务的道路相背离，并走上与之完全相反的道路上去。爱因斯坦始终认为，科学应该是为某种超个人的和理性的东西服务的。而利用科学来谋取实际利益，并不违背这一理性内容，而且他还非常赞同和支持。但是，这种实际利益一定要有理性根据和科学根据，

一定是合理的、正义的。也正是在这种认识的支持下，爱因斯坦才在战后极力反对原子弹威胁论。

爱因斯坦为了反对将科学应用到战争中，为了恢复世界和平，一直在持续地努力着。1947年9月，他给联合国大会写了一封公开信，在信中他说道："如果人人都能够意识到，只有超国家政府得到不断发展，世界各国的安全与和平才能够得到保障，那么，他们就一定会拼尽全力来使联合国强大起来……最后建造一个联合的世界，而不是互相敌对的两个世界。"

可是，爱因斯坦的这种观点很快就遭到了反对。右派的人大声喧嚣着："一定要小心提防爱因斯坦呀！千万不要受他的迷惑，他是俄国的奸细。他的目的是要把美国独有的原子弹秘密，泄露给世界政府，然后由世界政府传给俄国佬！"左派的人则攻击他："把世界变成一个超民族的国家，那不就是要苏联放弃社会主义，放弃独立吗？所谓的世界政府不过是在替美帝国主义称霸全球的野心遮掩罢了。"

可爱因斯坦并不被外界所影响，他依然大声呼吁："我们科学家可以阻止悲剧及屠杀的发生，可以让世界形势变得缓和，所以，我们一定要肩负起自己的责任和义务，尽全力去制止为应用于战争而发明的一切武器。我们现在最重要的任务是什么？我们所要达到的社会目标又是什么？"

对于这个问题，爱因斯坦在1947年做出了明确的回答："人类终于明白，现在最重要的任务就是要寻求谅解，使各个国家的人民之间以及不同信仰的民族之间实现彻底的谅解。"

爱因斯坦在晚年时期，所做的一切思想活动和社会政治活动，都是围绕着禁止核武器、反对战争，使各国人民间互相谅解这一中心来展开的。直到他即将离开这个世界之前，他仍在为人类社会贡献着自己的力量——发表“罗素—爱因斯坦宣言”。

原本，这个宣言的名字叫作《科学家要求废止战争》，是由罗素起草的。1955年2月11日，罗素给爱因斯坦写了一封信，在信中就提到了发表宣言的事情。2月16日，爱因斯坦给罗素的回信中表示，他完全赞同这个想法。并在3月初给玻尔写了一封信，希望他能够作为这次活动的发起人。可玻尔拒绝了。

1955年4月5日，罗素将自己拟好的宣言草稿寄给了爱因斯坦。几天后，爱因斯坦就在宣言上签上了自己的名字。很快，很多其他科学家也都在宣言上面签了字。但直到7月9日，这篇宣言才公开发表出来。后来，罗素又把这份宣言的副本寄给了美国、法国、苏联、中国、英国、加拿大六国的政府首脑。

这份宣言发表后，在1957年7月，由罗素牵头，美国大企业家赛勒斯·伊顿资助，以《罗素—爱因斯坦宣言》签名者的名义，在加拿大东部新斯科舍州的普格瓦许村伊顿家里召开了一次由来自10个国家的22位科学家参加的会议。以后，每不到一年，就会举行一次会议，会议的地点不固定，多在魁北克、维也纳、莫斯科、伦敦等处。后来，人们称这个会议为“普格瓦许科学和世界事务会议”。这个会议的宗旨就是要敦促世界各国绝不通过战争的方式来达到自己的目的，

对于一切争端，都寻求和平的方式来解决。

成长加油站

爱因斯坦对于广岛和长崎遭到原子弹轰炸感到非常痛心，因为他认为这一切都是由他引起和造成的。虽然爱因斯坦对此太过自责了，但这也反映出他认真负责的态度。我们也应该学习爱因斯坦，做一个有责任心的人。对于正在做的事情要严肃认真，犯了错误要勇于承担。

延伸思考

1.爱因斯坦对于科学研究在战争中的作用有什么看法？

2.罗素—爱因斯坦宣言对于国家之间的争端与冲突解决有什么建设性意义？

名人名言

由百折不挠的信念所支持的人的意志，比那些似乎是无敌的物质力量具有更大的威力。

——爱因斯坦

第二十七章　巨星陨落

爱因斯坦的一生，几乎全都奉献给了他热爱的物理学研究事业以及人类的和平事业。他很少为自己谋哪怕一丁点福利。可是，很少的休息、过度的操劳，使爱因斯坦的身体出现了状况。早在1917年的时候，他就生过一场大病，经常胃痉挛、头痛、恶心。在1945年和1948年他又做过两次大手术，并被确诊得了主动脉瘤。1955年4月13日，爱因斯坦再次出现了主动脉瘤的症状。医生建议他立即手术。可是，爱因斯坦并没有因此感到恐惧，他苍老的脸上带着一丝笑意说："不用了。"

4月16日，爱因斯坦的病情进一步恶化。医生让爱因斯坦立即住院。可是，到了医院后，爱因斯坦并没有休息，他让人把他的老花镜、钢笔、一封没有写完的信，还有一篇没有做完的计算送来了。他从病床上稍稍坐起来，带上老花镜，拿起钢笔，抬起手正要在纸上写下什么，可突然又落下了，手中的钢笔也滑落下来，掉到了地上。爱因斯坦倒在床上，额头上沁出了一层细密的汗珠。第二天，爱因斯坦感觉稍微好一些。朋友、同事们都来到医院来看望他，而他则满不在乎地劝说众人道："不要伤心，人总有一天要死的。"

他还告诉亲人和秘书："我死后，千万不要把梅塞街112号变成人们'朝圣'的纪念馆。我走后，我在研究所的

美国国家档案馆的阿尔伯特·爱因斯坦雕像

办公室也整理出来给别人使用吧。除了我的科学理想和社会理想，其他的就都和我一起离去吧。”

晚上，爱因斯坦让秘书杜卡斯回去休息。凌晨1点钟，爱因斯坦突然呼吸急促。守夜的护士听到后，赶紧来到爱因斯坦的病床前，听到他嘴里含含糊糊地说着什么。可是护士不懂德语，她听不懂爱因斯坦在说什么。

1955年4月18日凌晨1时25分，爱因斯坦永远地离开了这个世界。很快，爱因斯坦去世的消息就传遍了世界各个角落：“当代伟大的物理学家爱因斯坦逝世，终年76岁。”瞬时间，整个地球都陷入了深深的悲痛中，世界各地的人们都在哀悼这位伟大的科学家：“世界失去了最伟大的科学家”“人类失去了最伟大的儿子”。人们传扬着他为人类做出的巨大功绩：“爱因斯坦开创了物理学的新纪元”“爱因斯坦改变了人类对世界和宇宙的认识”……

唁电和唁函就像雪花一样从世界的各个角落飘到了普林斯顿这座小城市里。不管是学术团体，还是国家元首，不管是著名科学家，还是普通老百姓，大家都对爱因斯坦表达着深深的思念与尊敬。人们舍不得这样一位伟人就这样离开，不仅因为他改变了人类千百年以来形成的错误的宇宙观念，带领人们认识了科学在造福人类方面所具有的广阔前景，还因为他为了人类社会的和平而做出的巨大牺牲和贡献。

爱因斯坦离开了，一代巨星陨落了，但是他的思想和理论永远指导着人类社会向更加美好的未来发展，而他也必将被后人世世代代铭记、颂扬。就像爱因斯坦所说的那样：“死去的我们，将在我们共同创造的保留于我们身后的事物中得到不朽。”

爱因斯坦在身患重病的日子里，依然不肯休息，坚持工作。他的这种勤恳、刻苦的精神即使在他去世以后也依然影响着后来的人们。我们在学习过程中，一定要利用一切可以利用的时间，勤奋努力学习，不断提升自己的文化水平，争取早日实现自己的理想，实现自己的价值。

延伸思考

1.爱因斯坦为什么会得病离世？

2.爱因斯坦在重病期间依然坚持工作，从这可以看出他怎样的性格特点？